Mikro wellen kombiniert

Temp.
0
50
100
150
200
250

Evelyn Liepold

Mikrowellen kombiniert

Das große
GU Bildkochbuch für alle
Mikrowellen-
Kombinationsgeräte mit
Grill, Ober- und
Unterhitze oder Umluft

Die Farbbilder gestalteten
Odette Teubner
und Kerstin Mosny

GU Gräfe und Unzer

Das finden Sie in diesem Buch

Aufläufe, Gratins und Beilagen

Herzhafte und süße Kuchen

Süße Hauptgerichte und Desserts

Wichtige Tabellen

Der Inhalt des Buches von A bis Z

Über dieses Buch

Sich ständig mit den neuesten Haushaltsgeräten zu beschäftigen, kann zu einer Leidenschaft werden. Dabei faszinieren mich vor allem die Möglichkeiten, die heute die Mikrowellentechnik bietet. So wie ich sind schon viele Verbraucher von der einfachen und schnellen »Garmethode« begeistert. Damit wir mit diesem pfiffigen Gerät auch noch backen, braten und grillen können, wurden die Kombinationsgeräte entwickelt. Dadurch können wir jetzt für die verschiedensten Gerichte immer die optimale Zubereitungsmethode wählen. Aufgrund meiner vielen Experimente und der gut gelungenen Rezepte mit Mikrowellen-Kombinationsgeräten konnte ich dieses verbrauchergerechte Kochbuch schreiben. Ich bin davon überzeugt, daß sich die Gerichte in diesem Buch mit allen auf dem Markt angebotenen Kombinationsgeräten zubereiten lassen. Die Mikrowellenleistung habe ich immer in Watt angegeben. Falls Ihr Gerät nicht mit den in den Rezepten angegebenen Stufen ausgestattet ist, wählen Sie jeweils die nächstliegende. Dementsprechend brauchen Sie dann nur noch die Garzeit etwas zu verlängern beziehungsweise zu verkürzen.

Damit Sie Garzeit und Garmethode auf den ersten Blick erkennen können, habe ich diese Angaben – wie die folgenden Beispiele zeigen – übersichtlich gegliedert.

	Einstellung	Garzeit/ Minuten
Nur Mikrowellen	600 Watt	7
Mikrowellen mit Umluft	180 Watt 220°	15–18
oder		
Mikrowellen mit Ober- und Unterhitze	180 Watt 240°	
Gesamtgarzeit		22–25

	Einstellung	Garzeit/ Minuten
Nur Mikrowellen	600 Watt	2– 3
Mikrowellen mit Grill	300 Watt starke Stufe	12–15
Gesamtgarzeit		14–18

Nur Mikrowellen bedeutet, daß Sie zunächst einmal nur mit Mikrowellen garen. Dann wird das Gericht entweder in der Kombination mit Umluft oder Ober- und Unterhitze fertig gestellt. Oder der Grill wird eingesetzt. Mit der jeweils erstgenannten Kombination gelang mir das Gericht am besten. Wenn Ihr Gerät diese Kombinationsmöglichkeit nicht hat, erzielen Sie mit der zweitgenannten nahezu gleich gute Ergebnisse. Von Ihrem konventionellen Herd wissen Sie sicher, daß Sie bei der Anwendung von Umluft etwa 20° weniger benötigen als beim Garen mit Ober- und Unterhitze. Dies wird natürlich auch exakt angegeben. Näheres über den Einsatz der einzelnen Beheizungsarten finden Sie auf den nebenstehenden Seiten sowie auf den Seiten 8 und 9.

Berücksichtigen Sie, wie bei jedem normalen Backofen, daß die Leistung von Gerät zu Gerät unterschiedlich sein kann. Um ganz sicher zu gehen, wählen Sie immer zuerst die kürzere angegebene Garzeit. Denn anders als bei der konventionellen Zubereitung kommt es beim Garen mit Mikrowellen manchmal auf Minuten an. Nachzugaren ist einfacher, als ein eventuell zu trocken gewordenes Gericht in Kauf zu nehmen.
Doch sehr schnell werden Sie »Ihre« Zeiten und Einstellungen herausgefunden haben.

Die Rezepte in diesem Bildkochbuch habe ich so unkompliziert beschrieben, daß alles leicht gelingt. Die vielen anschaulichen Steps erleichtern es Ihnen, die Theorie des Mikrowellengarens in die Praxis umzusetzen. Die informativen Bilder zeigen Ihnen außerdem das richtige Geschirr und die Folien, die sich für den Einsatz im Gerät eignen. Die übersichtlichen Tabellen, mit denen das Buch abschließt, machen es Ihnen leicht, die Gerichte aufzutauen und zu erwärmen.

In den Rezeptkapiteln habe ich meine besten Rezepte – alles wurde für dieses Buch neu fotografiert – zusammengestellt. Die brillanten Farbfotos sind ein weiterer Vorteil dieses klug aufgebauten Buches. Wie Sie sehen, macht es Spaß, sich von den appetitlichen Abbildungen zum Kochen anregen zu lassen. Beim Durchblättern des Buches werden Sie mir sofort zustimmen. Die rot gedruckten Hinweise bei jedem Rezept sagen Ihnen, ob es preiswert oder etwas teurer, anspruchsvoll oder vegetarisch ist. Außerdem weisen diese Angaben auf Gerichte hin, die Sie gut vorbereiten können, auf solche, die besonders schnell gegart sind sowie auf Spezialitäten und Gerichte der Klassischen Küche.

Durch die übersichtliche Gliederung des Rezeptteils fällt es Ihnen sicher leicht, ein passendes Gericht für jeden Anlaß zu finden. Das Kapitel »Kleine Gerichte und Snacks« enthält schnelle Vorspeisen und Anregungen für einen Imbiß zwischendurch. Wie Fisch am besten schmeckt, zeigen Ihnen Rezepte wie Schollenfilets mit Sauce hollandaise überbacken oder der Rotbarsch-Tomatenauflauf im Kapitel »Fischgerichte«. Denn das Kombinationsgaren ist auch für Fisch ideal. Auf einen knusprigen Braten brauchen Sie jetzt nicht mehr so lange zu warten. Große Braten oder Geflügel werden im Kombinationsgerät schnell gar und appetitlich gebräunt. Das Kapitel »Fleisch- und Geflügelspezialitäten« bietet dafür Rezepte in großer Auswahl. Lieblingsgerichte für fast jedermann enthält das Kapitel »Aufläufe, Gratins und Beilagen«. Sie werden bestimmt von den Anregungen begeistert sein. Ganz besonders gut gelingt im Mikrowellen-Kombinationsgerät saftiges Gebäck. Versuchen Sie nur einmal die berühmte Quiche Lorraine oder einen Rotweinkuchen aus dem Kapitel »Herzhafte und süße Kuchen«. Die Ergebnisse werden Sie überzeugen. Kein Kochbuch wäre vollständig ohne ein Kapitel »Süße Hauptgerichte und Desserts«. Dazu gehören beispielsweise Mandarinen-Reis-Auflauf, Äpfel mit Mascarponecreme oder Früchte mit Streuseln – um nur einige zu nennen. Das ausführliche Register macht es Ihnen leicht, Ihr Lieblingsgericht zu finden.

Und nun viel Freude beim Ausprobieren und gutes Gelingen.
Ihre
Evelyn Liepold

Wichtiger Hinweis

Bevor Sie Ihr Mikrowellengerät in Betrieb nehmen, sollten Sie sich gründlich mit ihm vertraut machen. Beachten Sie bitte unbedingt die Gebrauchsanleitung des Herstellers und außer den hier genannten Hinweisen auch die Angaben auf den theoretischen Seiten dieses Buches. Denken Sie daran, daß Eier nie in der Schale zubereitet werden dürfen. Beim Erhitzen von Flüssigkeiten kann es zu einem Siedeverzug kommen, das heißt, daß die Flüssigkeit erst zu brodeln anfängt, wenn das Gefäß aus dem Gerät genommen wird (Verbrennungsgefahr!). Deshalb die Flüssigkeit am besten nach der angegebenen Garzeit im Gerät noch ein wenig abkühlen lassen, oder mit einem Glasstäbchen im Gefäß erhitzen (das sorgt für eine gleichmäßigere Erwärmung). Wenn Sie Fragen haben und trotz aller Hinweise unsicher sind, wenden Sie sich am besten an die Beratungszentren Ihres Energieversorgungsunternehmens, an die Verbraucherzentrale in Ihrer Stadt oder an den Hersteller. Neue Geräte sind gesundheitlich unbedenklich. Es ist jedoch empfehlenswert, sie nach einiger Zeit auf Strahlendichtigkeit hin untersuchen zu lassen. Fragen Sie Ihren Fachhändler.

Wissenswertes über Kombinationsgeräte

Nach dem Siegeszug der Mikrowellen-Sologeräte kommen jetzt auch verstärkt Kombinationsgeräte auf den deutschen Markt. Neben den Mikrowellen sind diese Geräte noch mit Ober- und Unterhitze beziehungsweise Umluft und/oder Grill ausgestattet. Je nach Modell ergeben sich daraus bis zu sieben unterschiedliche Nutzungsmöglichkeiten. Nämlich sowohl als Sologerät für Mikrowellen, Ober- und Unterhitze, Umluft oder Grill wie auch als Kombinationsgerät. Dies hat den großen Vorteil, daß Sie die Vorzüge der Mikrowellen (wie schnelles und schonendes Garen) mit den traditionellen Methoden kombinieren können. Trotz der kürzeren Garzeit brauchen Sie auf Bräunung und appetitliche Krusten nicht mehr zu verzichten.

Mikrowellen und ihr Soloeinsatz

Die Mikrowellen sind elektromagnetische Wellen ähnlich den Radio- und Fernsehwellen. Sie geben ihre Energie direkt an die Speisen ab und erwärmen, im Gegensatz zu den konventionellen Garmethoden, den Garraum nicht. Die Mikrowellen versetzen die Moleküle in den Lebensmitteln in Bewegung. Durch die dabei auftretende Reibung entsteht Wärme, wodurch die Lebensmittel gegart oder erhitzt werden.
Mikrowellenleistung:
Die Wellenmenge im Gerät ist abhängig von der eingestellten Mikrowellenleistung. Kombinationsgeräte haben als Ausgangsleistung 600 Watt als höchste Stufe.
Diese Mikrowellenleistung kann entweder stufenlos oder in einzelne Stufen unterteilt auf bis zu 90 Watt reduziert werden. Dies bedeutet: je höher Sie die Mikrowellenleistung wählen, um so mehr Wellen stehen im Gerät zur Verfügung, um die Speisen zu garen. Wenn jedoch bei gleicher Einstellung die Lebensmittelmenge erhöht wird, muß die Garzeit verlängert werden, da die Mikrowellenleistung die gleiche bleibt. Als Faustregel für den Mikrowellen-Solobetrieb gilt: doppelte Lebensmittelmenge = fast doppelte Garzeit. Der Garvorgang kann durch Öffnen der Garraumtüre beliebig oft unterbrochen werden. Bei vielen Modellen muß das Gerät danach erneut gestartet werden.
Geschirr:
Mikrowellen können bis auf Metall fast alle Materialien durchdringen. Speisen in einem verschlossenen Metallgefäß werden von den Mikrowellen nicht erreicht und bleiben kalt. Als mikrowellengeeignete Materialien gelten Glas, Porzellan, Keramik, spülmaschinenfester Kunststoff sowie auch Pappe und Papier. Alle Materialien müssen hitzebeständig sein. Näheres über geeignetes Geschirr finden Sie auf den Seiten 10–13.

Ober- und Unterhitze

Die »klassische« Ober- und Unterhitze wird durch zwei Heizkörper erzeugt, die über beziehungsweise unter dem Garraum liegen. Die Temperatur ist per Wahlschalter meist frei einzustellen. Genau wie bei konventionellen Backöfen können sich die eingestellten Temperaturen der einzelnen Geräte unterscheiden. Falls die Back- oder Bratergebnisse nicht optimal sind, sollten Sie die Temperatur mit einem hitzebeständigen Thermometer überprüfen und bei späterem Garen die korrigierten Temperaturen einstellen.

Umluft

Der Heizkörper für die Umluftbeheizung kann entweder direkt vor dem Ventilator oder auch ober- und unterhalb des Garraumes sitzen. Die erwärmte Luft wird dann im Garraum ständig umgewälzt. Dadurch kann beim Umluftbetrieb – im Gegensatz zum Garen mit Ober- und Unterhitze – auf mehreren Ebenen gleichzeitig gebraten oder gebacken werden. Dies gilt jedoch nicht für den Kombinationsbetrieb. Die Temperatur kann, wie bei Ober- und Unterhitze erwähnt, meist frei gewählt werden und gewissen Schwankungen unterliegen.

Grill

Oberhalb des Garraumes befindet sich der Grillheizkörper, der je nach Modell zum Reinigen entfernt werden kann. Die Grillleistung kann bei den meisten Geräten in unterschiedlichen Stufen eingestellt werden. Hat Ihr Gerät nur eine Stufe, schalten Sie den Grill nur so lange zu, bis das Gericht gebräunt oder knusprig ist. Dann garen Sie es nur mit Mikrowellen fertig.

Kombinationsmöglichkeiten

Die konventionellen Beheizungsarten wie Ober- und Unterhitze beziehungsweise Umluft und/oder Grill können bei den Kombinationsgeräten gleichzeitig mit den Mikrowellen geschaltet werden. Das Magnetron (die Stelle, an der die Mikrowellen erzeugt werden) sendet die elektromagnetischen Wellen in den Garraum. Gleichzeitig wird Hitze von einer der gewählten Beheizungsarten produziert. Dadurch werden die Gerichte rasch gar und trotzdem braun und knusprig.
Die Lebensmittel bleiben durch die kürzere Garzeit meist saftiger als bei der konventionellen Zubereitung.
Auch während des Kombinationsbetriebes kann der Kochvorgang unterbrochen werden, um beispielsweise die Lebensmittel zu wenden. Die Mikrowellen müssen dann bei den meisten Modellen erneut gestartet werden.
Einige der auf dem Markt befindlichen Kombinationsgeräte sind mit diversen Koch-, Back- oder Bratprogrammen ausgestattet. Dabei sind dann Mikrowellenleistung und Beheizungsart mit einer bestimmten Temperatur fest eingegeben. Die unterschiedlichen Programme können in diesem Kochbuch nicht berücksichtigt werden.
Die Zusammensetzung der Programme nennt Ihnen jedoch auf Anfrage der Hersteller; in der Gebrauchsanweisung fehlt diese Angabe manchmal.

Die verschiedenen Gerätetypen

Mikrowellen-Sologerät

Das Mikrowellen-Sologerät kann schnell garen (aber nicht bräunen), schonend auftauen und erwärmen. Jedes Kombinationsgerät – egal für welche Marke Sie sich entschieden haben – läßt sich stets auch als Mikrowellen-Sologerät verwenden. Rezepte und viele Tips für diesen »Solo-Einsatz« finden Sie in dem im selben Verlag erschienenen Buch »Mikrowellen« von Marianne Kaltenbach.
Für den Mikrowellen-Solobetrieb ist außer Metall fast jedes Geschirr (ohne Metalldekor) zu empfehlen. Die Gefäße müssen nur so hitzebeständig sein, daß sie durch die Temperatur des heißen Gerichtes keinen Schaden nehmen. Wenn Sie Ihr Gerät jedoch nach dem Braten oder Grillen als Mikrowellen-Sologerät nutzen wollen, müssen Sie berücksichtigen, daß der Garraum heiß ist. Das Geschirr soll also hitzebeständig sein.
Für den Solobetrieb gilt als Faustregel: Bei Verdoppelung der Lebensmittelmenge muß auch die Garzeit fast verdoppelt werden.

Ober- und Unterhitze kombiniert mit Mikrowellen

Die Beheizungsart Ober- und Unterhitze kennen Sie vom Backofen. Wenn Sie jetzt im Kombinationsbetrieb außer Ober- und Unterhitze Mikrowellen zuschalten, erreichen Sie kürzere Garzeiten, ohne auf die gewünschte Bräunung zu verzichten. Gerichte, die an sich schon eine kurze Garzeit haben, sollten Sie weiterhin auf konventionelle Art zubereiten. Ansonsten ist das Gericht schon gar, bevor es braun geworden ist.
Vorgeheizt wird das Kombinationsgerät nur dann, wenn ich es in den Rezepten angebe oder es der Hersteller empfiehlt (Gebrauchsanleitung durchlesen!). Beim Vorheizen jedoch niemals die Mikrowellen zuschalten.
Die Kombination von Ober- und Unterhitze mit Mikrowellen empfehle ich Ihnen für das Backen, für fettarme Speisen und für Gerichte, die wenig Feuchtigkeit enthalten. Für das Kombinationsbacken können Sie auch Backformen aus Schwarzblech oder mit Silikon beschichtete verwenden, ohne daß die Mikrowellenfunktion beeinträchtigt wird. Mit Formen aus Weißblech, Kunststoff und Glas erzielt man keine so guten Ergebnisse. Auf keinen Fall geschlossene Metallgefäße wie Töpfe oder Bräter verwenden.

Wattzahl: In den Rezepten wird die Mikrowellenleistung immer in Watt angegeben. Falls Sie diese Werte nicht direkt am Gerät ablesen können, finden Sie die nötigen Angaben entweder in der Gebrauchsanleitung oder erfahren sie direkt beim Hersteller. Ist die Wattleistung Ihres Gerätes geringer, wählen Sie die angegebene längere Garzeit. Ist sie höher, nehmen Sie die kürzere Garzeit.

Grill kombiniert mit Mikrowellen

Der Ihnen bekannte Grill wird häufig zum schnellen Bräunen und Gratinieren kleinerer Lebensmittelmengen oder bereits vorgegarter Gerichte verwendet. Wenn sich in Ihrem Gerät Mikrowellen mit Grill kombinieren lassen, können Sie jetzt gleichzeitig garen und eine Kruste erzielen. Genau wie beim konventionellen Grillen gilt: je flacher das Gericht, desto höher sollten Sie es auf dem Rost in das Gerät einschieben.
Gerichte, die an sich schon eine kurze Grillzeit haben, sollten Sie nur mit Grill gratinieren und auf eine Zuschaltung von Mikrowellen verzichten. Ansonsten ist das Gericht gar, bevor es gebräunt ist.
Vorgeheizt wird der Grill nur dann, wenn ich es in den Rezepten angeführt habe oder es vom Hersteller empfohlen wird (Gebrauchsanleitung durchlesen!). Beim Vorheizen jedoch niemals die Mikrowellen zuschalten.
Die Kombination von Grill und Mikrowellen eignet sich besonders für Gratins oder dickere Fleischstücke mit einem höheren Fettanteil. Verwenden Sie zum Kombinations-Grillen nur feuerfestes, mikrowellengeeignetes Geschirr.

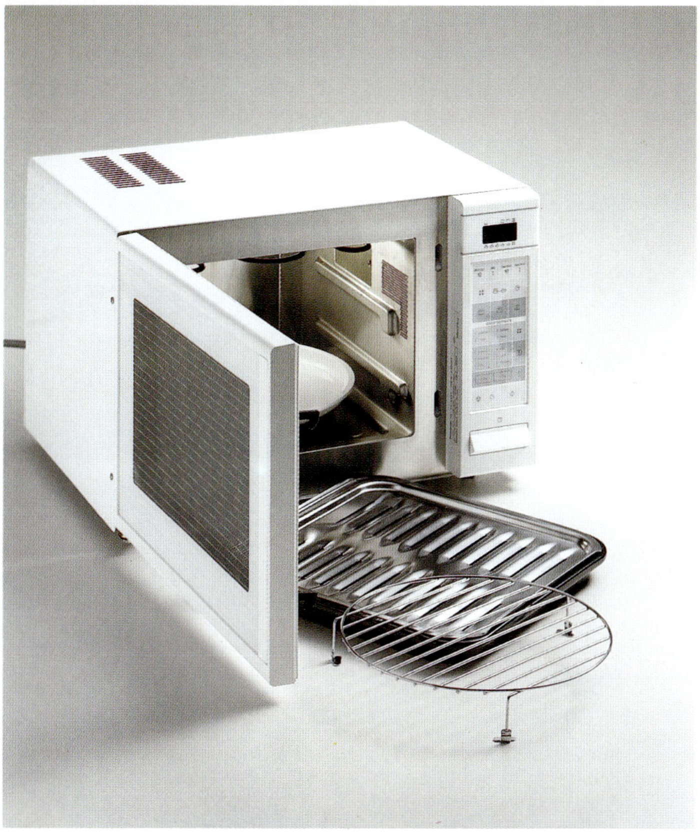

Umluft kombiniert mit Mikrowellen

Sicherlich ist Ihnen bekannt, daß sich beim »konventionellen« Umluftbetrieb auf mehreren Ebenen gleichzeitig auch verschiedenartige Speisen zubereiten lassen. In einem Kombinationsgerät mit Umluft können Sie allerdings nur auf einer Ebene garen. Der Grund: Die Mikrowellen gelangen bei Kombinationsgeräten meist von oben oder von der Seite in den Garraum. Dadurch garen die Lebensmittel, die sich auf dem Rost oder Blech in der oberen Schiene befinden, viel schneller. Ein gleichmäßiges Back- oder Bratergebnis ist also nicht möglich.
Gerichte, die an sich schon eine kurze Garzeit haben, sollten Sie weiterhin nur mit Umluft zubereiten. Ansonsten ist das Gericht schon gar, bevor es gebräunt ist.
Vorgeheizt wird das Gerät nur dann, wenn ich dies in den Rezepten angebe oder es vom Hersteller empfohlen wird (Gebrauchsanleitung durchlesen!). Beim Vorheizen jedoch nie die Mikrowellen zuschalten.
Verwenden Sie die Kombination von Umluft und Mikrowellen für Aufläufe, die viel Feuchtigkeit enthalten oder für Fleisch mit einem höheren Fettgehalt. Für das Kombinationsbacken können Sie Formen aus Schwarzblech oder mit Silikon beschichtete verwenden. Die Mikrowellenfunktion wird dadurch nicht beeinträchtigt. Mit Weißblech-, Kunststoff- oder Glasformen gelingt das Gebäck nicht so gut. Auf keinen Fall geschlossene Metallgefäße wie Töpfe oder Bräter verwenden.

Geeignetes Geschirr für den Mikrowellen-Solobetrieb

Glasgeschirr

Geschirr aus Glas ist für die Verwendung im Mikrowellen-Solobetrieb besonders gut geeignet. Diese Gefäße erhitzen sich durch die Wärme des Gerichtes nur sehr langsam. Das Glas wird dadurch so geschont, daß Sie auch dünnwandige Gefäße verwenden können. Da sich das Gericht im Gargefäß servieren läßt, bleibt es lange warm. Dies gilt natürlich auch für Geschirr aus anderen Materialien. Ein weiterer großer Vorteil von Glasgeschirr ist, daß Sie den Garvorgang beobachten und sehen können, wann beispielsweise ein Gericht zu kochen beginnt.
Verwenden Sie immer Topflappen, auch wenn Sie beim Garen zwischendurch nur den Deckel abheben. Denn der entweichende Wasserdampf kann, genau wie bei der konventionellen Zubereitung, zu Verbrühungen führen.
Für das Garen im Mikrowellen-Solobetrieb können Sie auch vorhandene Glasschüsseln und -gefäße verwenden. Als Deckelersatz nehmen Sie am besten Klarsichtfolie.
Geschirr aus Bleikristall und solches mit anderen Metalleinlagerungen ist für den Gebrauch im Mikrowellengerät ungeeignet. Da man das nicht immer sehen kann, sollten Sie in jedem Fall den Geschirrtest machen (siehe Seite 11, oben).

Porzellangeschirr

Alle Porzellangefäße ohne Metallverzierungen eignen sich gut für das Garen im Mikrowellen-Solobetrieb. Wie auch bei anderen Materialien können Sie das Gericht im Gargefäß servieren, worin es länger warm bleibt. Runde Gefäße sind eckigen vorzuziehen, da sich die Mikrowellenenergie in den Ecken sammelt und das Gericht dort übergaren könnte. Falls Sie für einige Gefäße keinen passenden Deckel haben, nehmen Sie als Abdeckung Klarsichtfolie oder auch einen passenden Teller.
Stellen Sie heißes Porzellangeschirr (dies gilt auch für Gefäße aus Glas) nicht auf einen sehr kalten Untergrund. Das Gefäß kann durch den großen Temperaturunterschied platzen. Geschirr, das Sprünge hat, sollten Sie nicht zum Garen im Mikrowellengerät verwenden. In die Sprünge dringt Feuchtigkeit ein, die sich durch die Mikrowellenenergie ausdehnt. Dadurch kann das Gefäß ebenfalls platzen.
Auch bei Porzellangeschirr sollten Sie vor dem Gebrauch den Geschirrtest durchführen (siehe Seite 11, oben).

Ungeeignet für den Mikrowellenbetrieb sind geschlossene Metallgefäße, da die Mikrowellen diese nicht durchdringen können und die Lebensmittel nicht garen. Nach einiger Zeit würde dadurch auch das Magnetron beschädigt. Bei Verwendung von Geschirr mit Silber-, Gold- und Platindekor kann es zu Funkenbildung kommen. Dadurch löst sich bei häufigem Gebrauch das Dekor auch ab.

Geschirrtest: Für alle im Haushalt vorhandenen Geschirrsorten gibt es einen sehr einfachen Test, um die Mikrowellentauglichkeit zu prüfen: Stellen Sie das leere Gefäß bei Mikrowellenleistung 600 Watt für etwa ½ Minute in das Gerät. Fühlt es sich danach warm an, ist es nicht geeignet.

Keramik- und Tongeschirr

Achten Sie bei Keramik- und Tongefäßen vor allem darauf, daß sie keine metallhaltigen Glasuren haben. Dies können Sie am besten mit dem Geschirrtest (siehe oben) feststellen. Gefäße mit geeigneter Glasur erwärmen sich nur wenig, solche mit metallhaltiger Glasur werden heiß. Im Handel gibt es inzwischen eine große Menge an Auflaufformen und anderem Geschirr aus Keramik, die mit dem Vermerk »mikrowellengeeignet« versehen sind.
Durch den höheren Anteil an Feuchtigkeit in Keramikgeschirr erwärmt sich jedes Gefäß aus diesem Material beim Garen im Mikrowellengerät. Verwenden Sie deshalb immer Topflappen zum Herausnehmen des Geschirrs. Bei Verwendung von Keramikgeschirr sollten Sie die Garzeit der Gerichte um 2–3 Minuten verlängern, da dieses Material etwas Energie aufnimmt. Dadurch bleiben die Speisen jedoch auch besonders lange heiß.
Die Gefäße sollten rundum glasiert sein, da sie sonst beim Spülen zuviel Feuchtigkeit aufnehmen. Die Glasur kann dann beim Garen Sprünge bekommen.
Unglasierte Formen wie der Römertopf eignen sich gut für das Garen im Mikrowellengerät. Für das Garen im Mikrowellen-Solobetrieb wird der Topf nicht gewässert.

Kunststoffgeschirr und Folien

Daß auch Gefäße aus Kunststoff für das Garen im Mikrowellen-Solobetrieb geeignet ist, verblüfft viele. Kunststoffgeschirr wird nicht durch die Mikrowellen, sondern nur durch die Wärme des Gerichtes erhitzt. Es sollte also in jedem Fall spülmaschinenfest sein, was einer Temperaturbeständigkeit von 65° entspricht. Im Handel wird spezielles Kunststoffgeschirr mit dem Vermerk »mikrowellengeeignet« angeboten. Sie können auch andere Kunststoffgefäße verwenden, wenn sie die oben erwähnte Hitzebeständigkeit haben und kein Melamin (Kunststoffverbindung) enthalten.
Letzteres können Sie durch den Geschirrtest herausfinden (siehe oben). Einige Kunststoffgefäße eignen sich zum Einfrieren und späteren Auftauen und Erwärmen. Dazu müssen Sie allerdings die dicht schließenden Deckel entfernen oder öffnen, damit sie sich durch den entstehenden Dampf nicht verformen.
Als Abdeckung von Geschirr, für das Sie keinen Deckel haben, ist Klarsichtfolie gut geeignet. Die Folie stechen Sie am besten mit einer Nadel einige Male ein, damit der Dampf entweichen kann.
Beim Auftauen leistet ein Auftaurost oder ein Sieb aus Kunststoff gute Dienste. Dadurch kann die Auftauflüssigkeit gut ablaufen und das Lebensmittel kann nicht darin garen.

Geeignetes Geschirr für den Mikrowellen-Kombinationsbetrieb

Glasgeschirr

Für den Kombinationsbetrieb – Mikrowellen mit Ober- und Unterhitze, Umluft und/oder Grill – muß das Geschirr in jedem Fall hitzebeständig sein. Sie können all die feuerfesten Glasgefäße – ohne Metalleinschlüsse – verwenden, die Sie bisher für den konventionellen Back- und Bratbetrieb benützt haben. Durch die gute Mikrowellendurchlässigkeit eignen sich Glasgefäße besonders für die Zubereitung von Speisen mit längerer Garzeit, wie beispielsweise Fleisch und Geflügel.
Sie sollten möglichst längliche und ovale Gefäße wählen, die nicht allzu hoch sind, da die Gerichte darin gleichmäßiger garen. Bei der Verwendung eines Deckels unbedingt darauf achten, daß er die heißen Grillschlangen nicht berührt. Er kann sonst zerspringen.
Auch sollte das Glasgeschirr keine noch so feinen Sprünge haben.
Backen Sie in Glasformen, müssen Sie eine geringere Bräunung in Kauf nehmen. Denn die Wärmeleitung dieses Materials ist schlecht.
Für die Zubereitung von Aufläufen sind runde Glasformen jedoch gut geeignet.
Einigen Geräten liegt eine Fettpfanne aus Glas bei, die Sie zum Braten von Fisch, Fleisch und Geflügel verwenden können.

Keramikgeschirr und Porzellan

Für den Kombinationsbetrieb muß Keramik- und Porzellangeschirr feuerfest und rundum glasiert sein. Viele Geschirrhersteller haben auf der Unterseite ihrer Produkte einen Vermerk wie »mikrowellengeeignet« und »backofenfest« aufgedruckt.
Die Glasur beziehungsweise das Dekor der Gefäße sollte nicht aus einem metallhaltigen Material sein. Es kann sich bei häufigem Gebrauch ablösen.
Um festzustellen, ob Ihr Geschirr für den Einsatz im Mikrowellengerät geeignet ist, können Sie den Geschirrtest machen (siehe Seite 11, oben).

Ungeeignet für den Mikrowellen-Kombinationsbetrieb sind **geschlossene** Metallgefäße wie beispielsweise Bräter oder Kupfergefäße mit Deckel, da die Mikrowellenenergie diese nicht durchdringen und somit nicht an die Speisen gelangen kann. Jedes für den Kombinationsbetrieb verwendete Geschirr muß außerdem **hitzebeständig** sein.

Kunststoffgeschirr und Bratbeutel

Einige Kunststoffgefäße, die im Handel für Mikrowellengeräte angeboten werden, sind bis zu einem gewissen Maß hitzebeständig. Da dies von Hersteller zu Hersteller verschieden ist, sollten Sie immer auf die angegebene Höchsttemperatur achten. Für die Temperaturen, die beim Grillen entstehen, sind Kunststoffgeschirre und Bratbeutel nicht geeignet.
Gut geeignet sind Bratbeutel für den Kombinationsbetrieb mit Ober- und Unterhitze oder Umluft. Auch hier sollten Sie jedoch die Höchsttemperatur beachten. Den Bratbeutel schneiden Sie wie gewohnt etwa 40 cm länger als das Lebensmittel. Den Bratbeutel nicht mit den beiliegenden Metallklipsen, sondern mit Küchengarn verschließen. Denn das Metall in den Klipsen heizt sich durch die Mikrowellen so auf, daß der Beutel schmilzt. Den Bratbeutel an der Oberfläche einige Male mit einer Nadel einstechen.
Backen Sie in Formen aus Kunststoff, müssen Sie – besonders bei feuchten Teigen – mit einer geringeren Bräunung rechnen. Die Wärmeleitung von Kunststoff ist schlecht.

Backformen aus Metall

Beim Backen im Kombinationsgerät habe ich mit Formen aus Metall die besten Ergebnisse erzielt. Die Formen sind nicht ganz geschlossen, so daß die Mikrowellenenergie von oben an das Lebensmittel gelangt. Der feuchte Kuchenbelag wird durch die Mikrowellen schneller gar als gewohnt, und der Teig bräunt durch den Kontakt mit der heißen Form.
Im Kombinationsgerät brauchen die Kuchen gegenüber dem konventionellen Backen oft nur die Hälfte der Zeit. Dazu ist aber eine besonders gute Wärmeleitfähigkeit des Materials nötig. Diese haben sowohl Schwarzblechformen als auch solche, die mit Silikon beschichtet sind. Die Formen werden wie gewohnt vor dem Backen gefettet oder mit Backtrennpapier ausgelegt.
Falls sich während des Backens auf dem Rost doch einmal Funken bilden, beeinträchtigt dies weder das Backergebnis, noch beschädigt es das Gerät. Die Formen dürfen jedoch nicht mit den Garraumwänden in Berührung kommen.

Besondere Tips

Speisen drehen
Sämtliche Speisen nach etwa der Hälfte der Garzeit um 180° drehen, damit an allen Stellen eine gleichmäßige Temperaturverteilung gewährleistet ist. Haben Sie ein Gerät mit Drehteller, entfällt dies natürlich.

Flüssigkeitsmenge
Bedingt durch die kürzeren Garzeiten verdampft weniger Flüssigkeit. Sie können beim Garen mit Mikrowellen die üblicherweise verwendete Flüssigkeitsmenge um etwa ein Viertel reduzieren.

Speisen abdecken
Alles, was Sie bisher zugedeckt gegart haben, sollten Sie auch bei der Zubereitung im Kombinationsgerät zudecken. Verwenden Sie dazu aber keine geschlossenen Formen aus Metall oder Alufolie.

Hohe und flache Gefäße
In Formen mit gleichem Fassungsvermögen garen die Speisen in der flacheren schneller als in der hohen Form, da die Mikrowellen die Lebensmittel leichter durchdringen. Dies gilt sowohl für den Mikrowellen-Solo- als auch für den Kombinationsbetrieb.

Runde und eckige Gefäße
In runden Gefäßen erzielen Sie gleichmäßigere Garergebnisse als in eckigen, da sich die Mikrowellenenergie in den Ecken konzentriert und die Speisen dort übergaren.

Wenden
Nach etwa der Hälfte der Garzeit alle Speisen – außer beispielsweise Kuchen, Aufläufe oder Krustenbraten – wenden, damit eine gleichmäßigere Energieverteilung erzielt wird.

Größe der Lebensmittel
Die zu garenden Lebensmittel sollten möglichst gleich groß sein, damit die Garzeit für alle gleich lang ist.

Kochdauer
Wenn Sie beim Mikrowellen-Solobetrieb die Lebensmittelmenge verdoppeln, erhöht sich auch die Garzeit um fast das Doppelte. Beim Kombinationsbetrieb verlängert sie sich bei Verdoppelung der Lebensmittelmenge um 50 bis 60%.

Wasserzugabe beim Braten
Beim Braten auf dem Rost immer die Fettpfanne mit einschieben und nach der Hälfte der Garzeit etwas Wasser hineingießen, damit das herabtropfende Fett nicht verbrennt.

Temperaturwahl
Beim Braten im Kombinationsgerät ist im Vergleich zur konventionellen Zubereitung eine Erhöhung der Brattemperatur um 20 bis 30° erforderlich, beim Backen um 10 bis 20°.

Wahl der Mikrowellenleistung
Beim Braten von Fleisch und beim Garen von Aufläufen empfiehlt sich eine Zuschaltung der Mikrowellenleistung von 300 bis 400 Watt, beim Backen von 180 Watt.

Gardauer
Bei den empfohlenen Leistungs- und Temperaturkombinationen verkürzt sich die Garzeit bei der Zubereitung von Fleisch im Vergleich zu der konventionellen Methode um etwa 50%, bei Kuchen um 30 bis 40%.

Öffnen der Gerätetür während des Backens
Vermeiden Sie besonders in den ersten 10 Minuten der Backzeit, die Gerätetür zu öffnen, da das instabile Teiggerüst zu diesem Zeitpunkt sehr leicht zusammenfallen kann.

Rezeptauswahl für das Kombinationsbacken
Besonders geeignet für das Backen im Kombinationsbetrieb sind Teige, die viele »feuchte« Zutaten wie Nüsse, Mohn, Schokolade, Obst und/oder Quark enthalten oder Kuchen, die anschließend noch gefüllt werden.

Anordnung der Lebensmittel
Mehrere gleich große Teile am besten ringförmig angeordnet in das Gerät stellen, wobei die Mitte aber frei bleiben soll. Dadurch gelangt an alle Lebensmittel die gleiche Mikrowellenenergie.

Stehzeit
Lassen Sie die Lebensmittel nach Ablauf der Garzeit für einige Minuten zugedeckt im oder außerhalb des Gerätes stehen. Während dieser Zeit garen die Speisen ohne weitere Energiezufuhr nach.

Besondere Tips

Speck ausbraten
Speck können Sie im Mikrowellengerät gut ausbraten, ohne daß er anbrennt. Dazu 1 kleine Zwiebel und 100 g durchwachsenen Speck klein würfeln und bei Mikrowellenleistung 600 Watt 3–4 Minuten offen ausbraten. Damit das Fett nicht spritzt, die Form mit Küchenpapier abdecken.

Aufbacken von tiefgefrorenen Brötchen
4 tiefgefrorene Brötchen auf den Rost legen, in die mittlere Schiene des Gerätes schieben und bei Mikrowellenleistung 180 Watt und starker Grillstufe 3–5 Minuten aufbacken. So werden sie besonders knusprig.

Würzen der Gerichte
Kürzere Garzeiten und eine geringere Wasserzugabe (besonders beim Mikrowellen-Solobetrieb) bewirken, daß die Geschmacksstoffe der Lebensmittel besser erhalten bleiben. Sie können daher mit Salz und anderen Gewürzen sparen.

Bratthermometer
Einige Geräte sind mit einem Temperaturfühler ausgestattet. Außerdem gibt es feuerfeste Thermometer als Zubehör zu kaufen. Sie können damit genau feststellen, wann beispielsweise ein Braten auch innen durch ist. Die Kerntemperaturen der Lebensmittel finden Sie auf Seite 134.

Optimales Auftauen
Verwenden Sie zum Auftauen am besten einen Kunststoffrost, ein Kunststoffsieb oder eine umgedrehte Untertasse. Damit verhindern Sie, daß die Lebensmittel in der Auftauflüssigkeit liegen und dadurch schon zu garen beginnen.

Abdecken beim Auftauen
Geflügel oder Fisch lassen sich gut im Ganzen auftauen. Umwickeln Sie dabei die Flügel und Keulen beziehungsweise den Schwanzteil nach der Hälfte der Zeit fest mit Alufolie, damit sie nicht schon zu garen beginnen.

Starten des Gerätes
Der Garvorgang kann beliebig oft – beispielsweise zum Wenden oder Umrühren – unterbrochen werden. Vergessen Sie nicht, das Gerät anschließend wieder zu starten.

Honig verflüssigen
Kristallisierter Honig läßt sich im Mikrowellengerät ohne Geschmacks- und Nährstoffverluste verflüssigen. Für 250 g Honig rechnet man 2–3 Minuten bei Mikrowellenleistung 180 Watt. Dabei einmal durchrühren.

Butter geschmeidig machen
Butter aus dem Kühlschrank läßt sich für Teige schlecht verarbeiten. 125 g Butter werden bei Mikrowellenleistung 600 Watt in etwa 1 Minute geschmeidig.

Schokoladenglasur verflüssigen
Zum Überziehen von Kuchen 100 g Schokoladenfettglasur in ein hitzebeständiges, mikrowellengeeignetes Gefäß geben. Die Glasur bei Mikrowellenleistung 360 Watt in 3–4 Minuten schmelzen. Dabei einmal umrühren.

Marmelade verflüssigen
Tortenböden schmecken aromatisch, wenn man sie mit Marmelade bestreicht. Dazu 100 g Marmelade in ein mikrowellengeeignetes Gefäß füllen und bei Mikrowellenleistung 600 Watt in 1–2 Minuten flüssig werden lassen.

Gelatine auflösen
6 Blatt Gelatine wie gewohnt von Wasser bedeckt 10 Minuten stehenlassen. Dann ausdrücken und bei Mikrowellenleistung 600 Watt in 10–15 Sekunden flüssig werden lassen. Die Gelatine dann sofort verarbeiten.

Ersatz für einen passenden Deckel
Besonders Auflaufformen haben oft keinen Deckel. Beim Garen im Kombinationsgerät können Sie statt dessen einen Bratbeutel als Abdeckung verwenden. Die Form entweder in den Beutel stellen oder den Beutel um die Form wickeln. Den Bratbeutel einige Male einstechen.

Gleichmäßig einschichten
Bei der Zubereitung von Aufläufen sollten Sie immer darauf achten, daß Sie alle Zutaten gleichmäßig in eine möglichst flache Form schichten.

Anordnung ungleichmäßig geformter Lebensmittel
Ungleichmäßig geformte Lebensmittel sollten Sie immer so anordnen, daß die Angriffsfläche für die Mikrowellen eben ist. Also beispielsweise Hühnerschenkel so in der Form anordnen, daß die dicke Stelle des einen Schenkels an der dünnen des anderen liegt.

Gemüse garen
Beim Garen unterschiedlich strukturierter Gemüsesorten wie Blumenkohl und Broccoli die Stücke so anordnen, daß die faserreichen Teile wie die Stiele nach außen und die empfindlichen Röschen nach innen zeigen. So werden beide gleichzeitig gar.

Fleisch und Fisch im Kombinationsgerät

Große Braten garen

Besonders für die Zubereitung von ganzen Fleischstücken ist das Kombinationsgerät ideal. Die Bratzeit wird durch die Zuschaltung der Mikrowellen verkürzt, der Braten bleibt also viel saftiger. Für den Kombinationsbetrieb sollten Sie die Temperatureinstellung um 20 bis 30° höher wählen als beim konventionellen Braten. So entsteht die erwünschte Bräunung in der verkürzten Garzeit. Schalten Sie bei großen fetteren Braten eine Mikrowellenleistung von 300 bis 400 Watt zu, bei kleineren mageren Stücken dagegen nur 150 bis 200 Watt. Die Garzeit verkürzt sich dann um 30 bis 50%.

Das Fleisch würzen und zuerst mit der »Servierseite« nach unten auf den Rost legen. Die Fettpfanne daruntergeben und in die untere Schiene des Gerätes schieben.

Kleinere oder magere Stücke braten

Beim Braten kleinerer Portionen im Kombinationsgerät kann das Fleisch leichter austrocknen. Dies gilt auch für fettärmere Fleischsorten. Daher das Fleisch erst nach dem Braten etwas salzen, damit nicht zuviel Fleischsaft verloren geht. Diese Fleischstücke außerdem zugedeckt zubereiten. Geeignet dafür sind feuerfeste Glas- und Tongeschirre oder Bratbeutel. Für das Kombinationsbraten keine geschlossenen Metall- oder Emaillebräter verwenden. Wer eine starke Kruste wünscht, nimmt den Deckel oder den Belag etwa 15 Minuten vor Garzeitende ab und gart das Fleisch offen fertig.

Kleinere magere Fleischstücke sollten Sie als Schmorbraten zubereiten. Legen Sie das Fleisch gewürzt in ein feuerfestes, mikrowellengeeignetes Gefäß mit Deckel. Braten Sie es auf dem Rost in der unteren Schiene des Gerätes und erhöhen Sie die Temperatur im Vergleich zur konventionellen Methode um 30°.

Fisch im Kombinationsgerät

Besonders Fische, die im Ganzen gegart werden, und größere Fischstücke sind für die Zubereitung im Kombinationsgerät geeignet. Sie können sie offen braten oder in einem geschlossenen Gefäß beziehungsweise im Bratbeutel zubereiten. Für fettere Fischsorten ist auch Grillen geeignet. Die Mikrowellenleistung sollte bei Fischen, die im Ganzen gegart werden, zwischen 150 und 250 Watt liegen. Bei Fischgerichten mit feuchten Zutaten wie beispielsweise Aufläufen wählen Sie eine Mikrowellenleistung von 300 bis 400 Watt. Die eingestellte Temperatur sollte gegenüber der konventionellen Zubereitung um 10 bis 20° erhöht werden.

Besonders gleichmäßig garen ganze Fische, wenn sie auf die Fettpfanne gestellt werden. Stellen Sie dafür in die Mitte der Fettpfanne eine Tasse oder einen Teebecher. Dann den fertig vorbereiteten Fisch mit der Bauchöffnung nach unten darauf stellen.

Grillen

Für das Grillen mit gleichzeitig zugeschalteten Mikrowellen sollten Sie nur genügend große Fleischstücke und Fische verwenden. Je nach Größe wählen Sie eine Mikrowellenleistung von 200 bis 400 Watt. Bei kleineren Grilladen sollten Sie wie gewohnt nur den Grill verwenden. Sonst ist das Gericht schon gar, bevor es gebräunt ist. Dickere Stücke geben Sie in die mittlere Schiene des Gerätes, flachere in die obere. Fleisch vor dem Grillen nicht salzen, damit nicht zuviel Fleischsaft verloren geht. Noch aromatischer werden Ihre Grilladen, wenn sie vorher etwa 12 Stunden in einer Öl-Kräuter-Marinade liegen.

Beim Grillen großer oder dicker Stücke sollten Sie den Rost in die mittlere Schiene geben. Die Fettpfanne stets darunter schieben. Die Fleischstücke oder Fische möglichst gleichmäßig auf dem Rost verteilen.

Nach gut der Hälfte der Bratzeit das Fleisch wenden. Die Zutaten für die Sauce in die Fettpfanne geben und kurz mit anbraten lassen. Nach weiteren 5 Minuten die Flüssigkeit dazugießen.

Nach Ablauf der Bratzeit das Fleisch in Alufolie wickeln und etwa 5 Minuten ruhen lassen. Dadurch verteilt sich der Fleischsaft gleichmäßiger. Inzwischen können Sie die Sauce zubereiten. Lösen Sie den Bratfond aus der Fettpfanne und passieren ihn in ein feuerfestes Gefäß. Dann abschmecken und aufkochen.

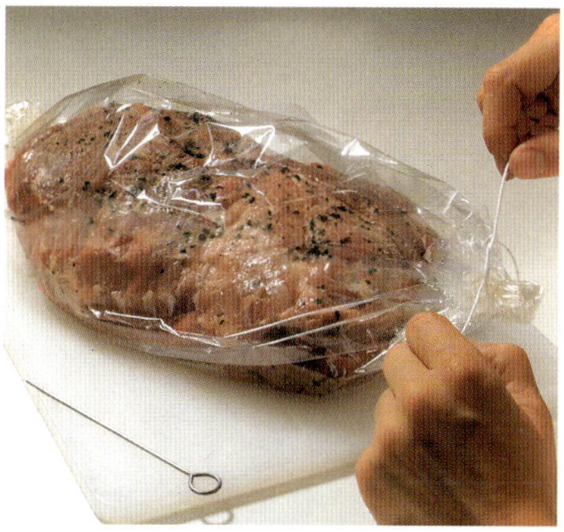

Besonders saftig bleiben Fleischstücke, wenn sie in einer geschlossenen Form oder im Bratbeutel zubereitet werden. Dabei die Metallverschlüsse durch Küchengarn ersetzen. Das Metall in den Klipsen kann so heiß werden, daß der Beutel schmilzt. Den Beutel mehrmals an der Oberseite anstechen.

Wer den Geschmack von durchwachsenem Speck mag, kann magere Fleischstücke damit abdecken. Lassen Sie sich den Speck sehr dünn aufschneiden und belegen Sie das gewürzte Fleisch damit. Dabei kein oder nur wenig Salz verwenden, da der Speck stark gesalzen ist.

Beim Braten mehrerer Fische sollten Sie immer darauf achten, daß diese mit dem Schwanz an den Kopf des nächsten Fisches gelegt werden. So erzielen Sie ein gleichmäßiges Garergebnis.

Besonders schonend werden Fische im Bratbeutel gegart. Sämtliche Zutaten mit einfüllen und den Beutel mit Küchengarn verschließen. Die Oberseite einige Male einstechen.

Flache Grilladen schieben Sie in die obere Schiene des Gerätes, damit die Bräunung schneller erfolgt. Bei sehr kurzen Garzeiten, wie zum Beispiel beim Rösten von Toastbrotscheiben, sollten Sie keine Mikrowellen zuschalten.

Zum Grillen möglichst immer gleich große Stücke verwenden. Fische an der dicksten Stelle – oben am Rücken – mit dem Messer einige Male einschneiden.

Aufläufe und Gebäck im Kombinationsgerät

Zubereitung von Aufläufen

Gerade bei der Vorbereitung von Aufläufen können Sie die unterschiedlichsten Möglichkeiten Ihres Kombinationsgerätes ausnutzen. Meist wird eine helle Sauce benötigt, die sich hervorragend – ohne, daß sie dabei anbrennt – im Mikrowellen-Solobetrieb zubereiten läßt. Aber auch zum Blanchieren von Gemüse ist das Mikrowellengerät zu empfehlen. Bei Lebensmitteln, die zum Garen quellen müssen, wie zum Beispiel Reis und Nudeln, würden Sie bei der Zubereitung mit Mikrowellen keine Zeitersparnis erzielen. Daher empfehle ich Ihnen, diese weiterhin auf konventionelle Art zu garen.

Die helle Sauce bereiten Sie am besten in einem hohen mikrowellengeeigneten Gefäß zu. Butter und Mehl bei Mikrowellenleistung 600 Watt etwa 1 Minute schmelzen, dann mit der Flüssigkeit auffüllen und alles verrühren. Aufkochen lassen: Bei ¼ l Flüssigkeit 3–4 Minuten bei Mikrowellenleistung 600 Watt.

Garen von Aufläufen

Aufläufe gelingen im Kombinationsgerät besonders gut, da sie viele feuchte Zutaten enthalten. Die Zuschaltung der Mikrowellenleistung sollte bei 300 bis 400 Watt liegen. Bei flachen Aufläufen empfehle ich Ihnen die Kombination mit Grill, bei größeren Mengen mit Umluft. Die Temperatur sollte bei Umluft etwa 20° höher sein als bei der konventionellen Zubereitung. Die Flüssigkeitsmenge können Sie um 20 bis 30% reduzieren, da in der kürzeren Garzeit nicht soviel Feuchtigkeit entweicht. Aufläufe lassen sich gut vorbereiten und vor dem Servieren noch einmal kurz erwärmen.

Aufläufe sollten Sie in einem runden Gefäß zubereiten, damit die Zutaten in den Ecken nicht übergart werden. Bei größeren Mengen Umluft zuschalten und den Auflauf in die untere Schiene des Gerätes geben.

Backen

Für das Backen im Kombinationsgerät eignen sich Teige mit vielen feuchten Zutaten am besten. Kuchen mit trockenen Zutaten sollten Sie wie gewohnt backen. Die Mikrowellenleistung liegt zwischen 150 und 300 Watt. Als zusätzliche Beheizungsart ist meist Ober- und Unterhitze am besten, die dabei gegenüber dem konventionellen Betrieb um 10 bis 20° erhöht wird. Die Zeitersparnis liegt zwischen 30 und 50%. Die besten Bräunungsergebnisse erzielen Sie, wenn Sie zum Backen Schwarzblech- oder mit Silikon beschichtete Formen verwenden, da diese die beste Wärmeleitfähigkeit besitzen.

Schieben Sie Kuchen mit feuchten Belägen in die untere Schiene des Gerätes. Verwenden Sie als Beheizungsart Ober- und Unterhitze um 10 bis 20° erhöht gegenüber dem konventionellen Betrieb und eine Mikrowellenleistung von 150 bis 300 Watt.

Zusätzliche Nutzungsmöglichkeiten beim Backen

Auch bei der Vorbereitung und Fertigstellung der verschiedenen Kuchen leistet das Kombinationsgerät gute Dienste. Sie können zu harte Butter durch die Mikrowellen geschmeidig machen, Schokoladenguß schmelzen, Pudding oder Tortenguß zubereiten und Gelatine verflüsssigen. All dies geht viel schneller, und Sie brauchen weniger Geschirr. Außerdem können Sie tiefgefrorenen Kuchen mit dem Mikrowellengerät in Minutenschnelle auftauen.

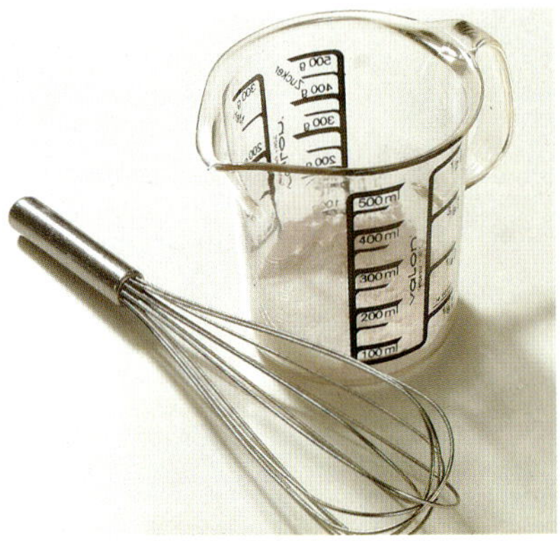

Bei der Zubereitung von Tortenguß im Mikrowellengerät sparen Sie Zeit und Geschirr. Verwenden Sie einen hohen Meßbecher aus einem mikrowellengeeigneten Material. Die trockenen Zutaten darin nach Herstellerangaben gründlich vermengen.

Gemüse sollte möglichst in gleich große Stücke zerteilt werden, damit es gleichmäßig gart. Kartoffeln schneiden Sie am besten auf einem Gurkenhobel in gleich dicke Scheiben.

Gemüse wird vor dem Überbacken meist blanchiert. Das Gemüse nach dem Waschen zugedeckt ohne Zugabe von Wasser bei Mikrowellenleistung 600 Watt 3–4 Minuten garen. Dann weitere 3 Minuten zugedeckt stehenlassen.

Flache Aufläufe garen Sie am besten mit Mikrowellen und Grill. Dadurch erreichen Sie in der kürzeren Garzeit dennoch die erwünschte Bräunung. Den Rost in die mittlere Schiene des Gerätes geben.

Aufläufe lassen sich gut vorbereiten und vor dem Servieren erwärmen. Jede Portion offen etwa 3 Minuten bei einer Mikrowellenleistung von 500 bis 600 Watt und mittlerer Grillstufe erwärmen.

Damit Sie in der durch die Zuschaltung der Mikrowellen verkürzten Garzeit die gleiche Bräunung wie bei der konventionellen Zubereitung erzielen, sollten Sie die Temperatur um etwa 20° erhöhen und Backformen verwenden, die mit Silikon beschichtet sind, oder solche aus Schwarzblech.

Damit Kuchen mit wenigen feuchten Zutaten nicht zu trocken werden, sollten Sie immer nach der kürzeren angegebenen Backzeit die Stäbchenprobe machen.

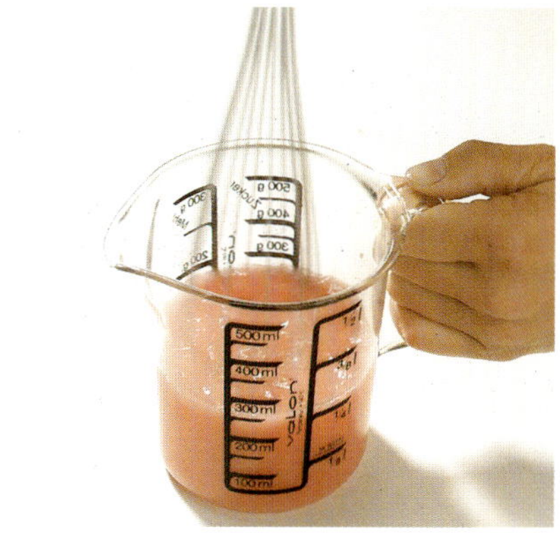

Wie bei der konventionellen Zubereitung das Pulver mit wenig Flüssigkeit glattrühren, bis keine Klumpen mehr vorhanden sind. Dann die Flüssigkeit bis knapp zur Markierung ¼ l aufgießen. Alles gut durchrühren und bei Mikrowellenleistung 600 Watt in 3–4 Minuten aufkochen lassen.

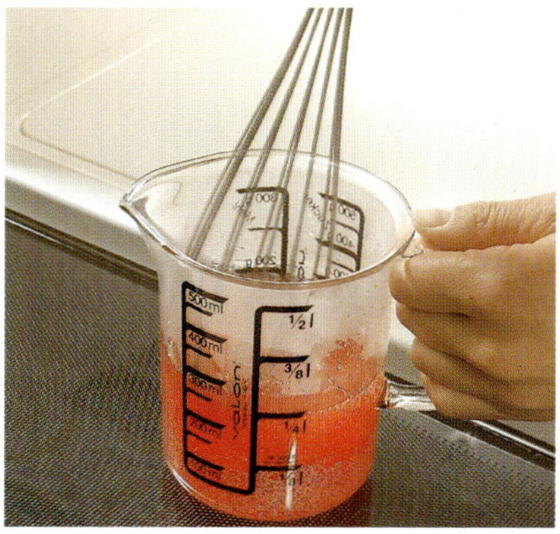

Auch bei dieser Art der Zubereitung ist das gründliche Umrühren sehr wichtig. Nach etwa der Hälfte und nach Ende der Kochzeit besonders den Bodensatz mit dem Schneebesen gut aufrühren. Den Tortenguß wie gewohnt etwas abkühlen lassen, dann weiter verarbeiten.

Kleine Gerichte und Snacks

In diesem Kapitel finden Sie Gerichte für den kleinen Appetit wie Soufflés, Toasts, gefüllte Gemüse und überbackene Suppen. Vieles läßt sich gut vorbereiten. Wenn die Gäste eintreffen, müssen die kleinen Gerichte nur noch hinein ins Kombinationsgerät und sind im Handumdrehen gegart.
Für alle Rezepte dieses Kapitels gilt: sie sind leicht nachzukochen.
Auf dieser Seite sehen Sie das Gericht Überbackene Zwiebelsuppe. Das Rezept finden Sie auf Seite 25.

Gratinierte Lauchsuppe

Paßt gut vor ein süßes Hauptgericht

Zutaten für 4 Personen:
800 g Lauch · 30 g Butter
1 Ei · 2 Eßl. Speisestärke
3 Eßl. Crème fraîche · 3/4 l
Fleischbrühe · 50 g Greyerzer
Salz · frisch gemahlener weißer
Pfeffer · frisch geriebene
Muskatnuß

Preiswert

Pro Person 1200 kJ/290 kcal
Vorbereitungszeit: 30 Minuten

	Einstellung	Garzeit/ Minuten
Nur Mikrowellen	600 Watt	17
Mikrowellen mit Grill	360 Watt starke Stufe	3– 5
Gesamtgarzeit		20–22

Den Lauch putzen, waschen und in dünne Ringe schneiden. • Die Lauchringe mit der Butter bei Mikrowellenleistung 600 Watt zugedeckt etwa 7 Minuten dünsten. • Inzwischen das Ei trennen. Das Eiweiß steif schlagen. • Das Eigelb mit der Speisestärke und der Crème fraîche glattrühren. • Die Fleischbrühe zum Lauch geben und bei Mikrowellenleistung 600 Watt zugedeckt etwa 7 Minuten aufkochen lassen. • Den Käse fein reiben. • Die Speisestärkemischung unter die Lauchsuppe rühren und alles mit Salz, Pfeffer und Muskat abschmecken. • Die Lauchsuppe bei Mikrowellenleistung 600 Watt noch einmal in etwa 3 Minuten aufkochen lassen, dann gut durchrühren. • Den Eischnee mit dem Käse vermengen. • Die Lauchsuppe in 4 feuerfeste Suppentassen verteilen und jeweils etwas Eischneemasse darauf setzen. • Die Suppen mit dem Rost in die obere Schiene des Gerätes geben und bei Mikrowellenleistung 360 Watt und starker Grillstufe 3–5 Minuten gratinieren, bis die Käsehaube leicht gebräunt ist.

Pilzsuppe mit Blätterteighaube

Durch den Teig bleibt das Pilzaroma gut erhalten

Zutaten für 4 Personen:
je 10 g getrocknete Steinpilze
und Pfifferlinge · 100 ccm
Wasser · 300 g tiefgefrorener
Blätterteig · 150 g Schalotten
50 g Butter · 250 g Champignons
1 Bund Petersilie · 100 ccm
trockener Weißwein · 100 ccm
Kalbsbrühe · 200 g Crème
fraîche · Salz · frisch gemah-
lener schwarzer Pfeffer · 1 Ei

Etwas teurer

Pro Person 2700 kJ/640 kcal
Vorbereitungszeit: 40 Minuten

	Einstellung	Garzeit/ Minuten
Nur Mikrowellen	600 Watt	9
Mikrowellen mit Umluft **oder** Mikrowellen mit Ober- und Unterhitze	300 Watt 220° / 300 Watt 230°	8–10
Gesamtgarzeit		17–19

Die Pilze 30 Minuten in dem Wasser einweichen. Den Blätterteig auftauen lassen. • Die Schalotten fein hacken und mit der Butter bei Mikrowellenleistung 600 Watt zugedeckt 4 Minuten dünsten. • Die Champignons in Scheiben schneiden. Zu den Schalotten geben und zugedeckt bei Mikrowellenleistung 600 Watt 5 Minuten dünsten. • Das Gerät ohne Zuschaltung von Mikrowellen auf 220/230° vorheizen. • Die Petersilie kleinschneiden, mit dem Wein, der Brühe, der Crème fraîche, den eingeweichten Pilzen, Salz und Pfeffer zu den Champignons rühren und in 4 feuerfeste Suppentassen füllen. • Das Ei trennen. Den Rand der Tassen mit dem Eiweiß einstreichen. • Den Teig zu 4 runden Platten ausrollen, auf die Tassen legen, andrükken und mit dem Eigelb bestreichen. • Die Suppen in die untere Schiene geben, Mikrowellenleistung 300 Watt zuschalten und 8–10 Minuten garen.

Überbackene Zwiebelsuppe

Läßt sich gut vorbereiten

Zutaten für 4 Personen:
700 g Gemüsezwiebeln · 80 g Butter · 4 Scheiben Toastbrot
1 Eßl. Mehl · ¾ l Fleischbrühe
¼ l trockener Weißwein · Salz
frisch gemahlener schwarzer Pfeffer · 100 g junger Gouda

Spezialität aus Frankreich

Pro Person 1800 kJ/430 kcal
Vorbereitungszeit: 20 Minuten

	Ein-stellung	Garzeit/ Minuten
Mikrowellen mit Grill	600 Watt starke Stufe	13
Nur Mikrowellen	600 Watt	10
Mikrowellen mit Grill	600 Watt starke Stufe	2– 4
Gesamtgarzeit		25–29

Die Zwiebeln schälen, in dünne Ringe schneiden und mit 40 g Butter in eine feuerfeste Form mit Deckel füllen. Die Zwiebeln mit dem Rost in die mittlere Schiene des Gerätes geben und zugedeckt bei Mikrowellenleistung 600 Watt und starker Grillstufe etwa 10 Minuten dünsten. • Die Toastbrotscheiben würfeln und mit der restlichen Butter in eine flache feuerfeste Schale füllen. Die Brotwürfel mit dem Rost in die obere Schiene des Gerätes geben und bei starker Grillstufe und Mikrowellenleistung 600 Watt etwa 3 Minuten rösten. Dabei einmal umrühren. • Das Mehl zu den Zwiebeln geben und gut unterrühren. Die Brühe und den Wein ebenfalls gründlich untermischen. • Die Zwiebeln zugedeckt bei Mikrowellenleistung 600 Watt etwa 10 Minuten kochen lassen, dann weitere 3 Minuten zugedeckt stehenlassen. Mit Salz und Pfeffer abschmecken. • Den Käse fein reiben. Die Zwiebelsuppe in feuerfeste Tassen füllen, mit den Brotwürfeln und dem Käse bestreuen. • Die Suppen auf dem Rost in die obere Schiene des Gerätes geben und bei Mikrowellenleistung 600 Watt und starker Grillstufe 2–4 Minuten überbacken, bis der Käse leicht gebräunt ist.

Käsesoufflé

Gelingt im Kombinationsgerät besonders gut

Zutaten für 3–4 Personen:
50 g Butter · 50 g Mehl
¼ l Milch · 100 g Emmentaler
50 g junger Gouda · 4 Eier
Salz · frisch gemahlener weißer
Pfeffer · frisch geriebene
Muskatnuß

Vegetarisch

Bei 4 Personen 1700 kJ/400 kcal pro Person
Vorbereitungszeit: 15 Minuten

	Einstellung	Garzeit/ Minuten
Nur Mikrowellen	600 Watt	5– 7
Mikrowellen mit Ober- und Unterhitze	180 Watt 200°	20
oder		
Mikrowellen mit Umluft	180 Watt 180°	20
Gesamtgarzeit		25–27

Die Butter mit dem Mehl in ein hohes Gefäß geben und bei Mikrowellenleistung 600 Watt in 2–3 Minuten schmelzen. • Die Masse mit einem Schneebesen verrühren, dann die Milch untermengen. • Die Sauce bei Mikrowellenleistung 600 Watt offen in 3–4 Minuten dickflüssig einkochen lassen, dann noch einmal durchrühren. • Beide Käsesorten fein reiben. Die Eier trennen. Die Eiweiße steif schlagen. • Die Eigelbe mit dem Käse unter die Sauce rühren und alles mit Salz, Pfeffer und Muskat abschmecken. Den Eischnee vorsichtig unterheben. • Die Soufflémasse in eine große Auflaufform geben, die nur zu zwei Dritteln gefüllt sein sollte. • Das Soufflé mit dem Rost in die mittlere Schiene des Gerätes geben und bei Mikrowellenleistung 180 Watt und Ober- und Unterhitze 200° etwa 20 Minuten backen, bis es aufgegangen und gebräunt ist. Dabei während der ersten 15 Minuten das Gerät nicht öffnen.

Garnelensoufflé

Delikate Vorspeise

Zutaten für 4 Personen:
50 g Butter · 100 g Champignons
100 g junger Gouda · 30 g Mehl
⅛ l Milch · 2 Eier
1 Teel. Zitronensaft
125 g geputzte Garnelen
Salz · frisch gemahlener weißer
Pfeffer · 1 Prise Cayennepfeffer

Anspruchsvoll

Pro Person 1300 kJ/310 kcal
Vorbereitungszeit: 25 Minuten

	Einstellung	Garzeit/ Minuten
Nur Mikrowellen	600 Watt	7
Mikrowellen mit Umluft	180 Watt 220°	15–18
oder		
Mikrowellen mit Ober- und Unterhitze	180 Watt 240°	15–18
Gesamtgarzeit		22–25

Vier feuerfeste größere Souffléförmchen mit Butter ausstreichen. • Die Pilze putzen und blättrig schneiden. Mit 10 g Butter bei Mikrowellenleistung 600 Watt zugedeckt 4 Minuten dünsten. • Den Gouda fein reiben. • Die restliche Butter in einer Schüssel bei Mikrowellenleistung 600 Watt in etwa 1 Minute offen schmelzen lassen. • Das Mehl gut unterrühren. Die Milch unter Rühren dazugießen. Alles bei Mikrowellenleistung 600 Watt etwa 2 Minuten einkochen lassen, dabei einmal gut durchrühren. • Die Eier trennen. Die Eiweiße mit dem Zitronensaft steif schlagen. • Die Pilze abtropfen lassen. Die Garnelen, den Gouda, die Pilze und die Eigelbe unter die Mehlsauce mischen. Mit Salz, Pfeffer und dem Cayennepfeffer abschmecken. Den Eischnee unterheben. • Die Masse in die Souffléförmchen füllen. • Den Rost mit den Förmchen in die mittlere Schiene des Gerätes geben. Die Soufflés bei Mikrowellenleistung 180 Watt und Umluft 220° 15–18 Minuten backen, bis sie aufgegangen sind.

Eierförmchen mit Schinken

Statt Schinken können Sie auch gemischte Kräuter verwenden

Zutaten für 4 Personen:
200 g gekochter Schinken
175 g mittelalter Gouda · 4 Eier
150 g Sahne · 2 Eigelb · Salz
frisch gemahlener weißer Pfeffer · Paprikapulver edelsüß
1 Bund Schnittlauch

Besonders schnell

Pro Person 2100 kJ/500 kcal
Vorbereitungszeit: 20 Minuten

	Einstellung	Garzeit/ Minuten
Mikrowellen mit Grill	360 Watt starke Stufe	7–9

Den Schinken und 100 g Gouda in Würfel schneiden und in vier feuerfeste Suppentassen oder Souffléförmchen verteilen. • Den restlichen Käse fein reiben. • In jede Tasse oder Form 1 Ei aufschlagen, und das Eigelb jeweils mit einer Gabel vorsichtig einstechen, damit es beim Garen nicht platzt. • Die Sahne mit dem geriebenen Käse und den 2 Eigelben verquirlen, dann mit Salz, Pfeffer und Paprikapulver pikant abschmecken. Diese Masse über den Eiern in den Förmchen verteilen. • Die Suppentassen oder die Förmchen auf dem Rost in die untere Schiene des Gerätes geben. Die Eierförmchen bei Mikrowellenleistung 360 Watt und starker Grillstufe 7–9 Minuten grillen, bis die Oberfläche leicht gebräunt ist. • Inzwischen den Schnittlauch waschen, trockentupfen und in feine Röllchen schneiden. • Die gegarten Eierförmchen mit dem Schnittlauch bestreut servieren. • Dazu schmecken Vollkornbrötchen und Salat.

Schinkensoufflé mit Tomaten

Als leichtes Abendessen geeignet

Zutaten für 4 Personen:
30 g Butter · 1 Bund Frühlingszwiebeln · 150 g gekochter Schinken · 250 g Tomaten
3 Eier · 100 g Hüttenkäse
frisch gemahlener schwarzer Pfeffer · Salz

Besonders schnell
Preiswert

Pro Person 990 kJ/240 kcal
Vorbereitungszeit: 30 Minuten

	Einstellung	Garzeit/ Minuten
Nur Mikrowellen	600 Watt	2
Mikrowellen mit Grill	360 Watt mittlere Stufe	8–10
Gesamtgarzeit		10–12

Eine ausreichend große oder vier kleine Souffléförmchen mit etwas Butter ausstreichen. • Die Frühlingszwiebeln putzen, waschen und in feine Ringe schneiden. Mit der restlichen Butter in einem mikrowellengeeigneten Gefäß bei Mikrowellenleistung 600 Watt zugedeckt etwa 2 Minuten dünsten. • Inzwischen den Schinken würfeln. Die Tomaten mit kochendem Wasser überbrühen, häuten und in Scheiben schneiden. • Die Eier trennen. Die Eiweiße steif schlagen. • Die Eigelbe verquirlen, dann den Hüttenkäse untermengen. Die Masse mit Pfeffer und wenig Salz abschmecken. Den Eischnee vorsichtig unterheben. • Den Boden der Souffléform mit den Tomatenscheiben auslegen. Den Schinken und die Zwiebelringe unter die Eimasse heben, auf die Tomatenscheiben geben und glattstreichen. • Die Form mit dem Rost in die untere Schiene des Gerätes geben und das Soufflé bei Mikrowellenleistung 360 Watt und mittlerer Grillstufe 8–10 Minuten backen, bis die Oberfläche gebräunt ist. • Dazu paßt gemischter Salat.

Gefüllter Fenchel mit Garnelen

Schmeckt auch mit Schinken

Zutaten für 4 Personen:
75 g geputzte Garnelen
Saft von ½ Zitrone · 2 Fenchelknollen (etwa 600 g) · 2 Eier
50 g Crème fraîche
150 g junger Gouda · Salz
frisch gemahlener weißer Pfeffer · Worcestersauce

Anspruchsvoll

Pro Person 1200 kJ/290 kcal
Vorbereitungszeit: 30 Minuten

	Einstellung	Garzeit/ Minuten
Nur Mikrowellen	600 Watt	4
Mikrowellen mit Grill	600 Watt starke Stufe	10–12
Gesamtgarzeit		14–16

Die Garnelen mit dem Zitronensaft beträufeln. • Die Fenchelknollen längs halbieren, von welken Blättern und dem Strunk befreien. Etwas Fenchelgrün beiseite legen. Die Knollen waschen und den inneren Kern herauslösen, so daß Schalen entstehen. • Die Schalen in einer mikrowellengeeigneten Schüssel zugedeckt bei Mikrowellenleistung 600 Watt etwa 4 Minuten vorgaren, dann weitere 3 Minuten zugedeckt stehenlassen. • Inzwischen das Innere des Fenchels und das Fenchelgrün fein hacken. • Die Eier trennen. Die Eiweiße steif schlagen. Die Eigelbe mit der Crème fraîche verrühren. • Den Gouda fein reiben und zwei Drittel davon mit den Eigelben verrühren. Den gehackten Fenchel, das Fenchelgrün und die Garnelen untermischen, mit Salz, Pfeffer und Worcestersauce abschmecken. Den Eischnee unterheben. • Die Fenchelschalen mit der Masse füllen, auf eine feuerfeste Platte legen und mit dem restlichen Käse bestreuen. • Den Fenchel bei Mikrowellenleistung 600 Watt und starker Grillstufe auf der mittleren Schiene des Gerätes 10–12 Minuten gratinieren.

Gefüllte Tomaten

Leichte Vorspeise oder kleines Abendessen

Zutaten für 4 Personen:
4 Fleischtomaten von je etwa 200 g · 50 g gekochter Schinken
50 g Mozzarella · 2 Frühlingszwiebeln · 1 Ei · Salz · frisch gemahlener schwarzer Pfeffer

Gut vorzubereiten

Pro Person 450 kJ/110 kcal
Vorbereitungszeit: 20 Minuten

	Einstellung	Garzeit/ Minuten
Mikrowellen mit Grill	360 Watt starke Stufe	6–8

Die Tomaten waschen und das obere Drittel abschneiden. Die Tomaten mit einem Teelöffel vorsichtig aushöhlen. • Den Schinken und den Mozzarella in kleine Würfel schneiden. Die Frühlingszwiebeln putzen, gründlich kalt abspülen und in dünne Ringe schneiden. • Das Ei mit dem Schinken, dem Mozzarella und den Frühlingszwiebeln mischen und mit Salz und Pfeffer pikant abschmecken. • Die Tomaten mit der Schinkenmasse füllen und auf eine feuerfeste Platte stellen. • Die Tomaten mit dem Rost in die obere Schiene des Gerätes geben und bei Mikrowellenleistung 360 Watt und starker Grillstufe 6–8 Minuten gratinieren, bis der Mozzarella geschmolzen ist. • Die Tomaten heiß oder leicht abgekühlt servieren.

Mein Tip: Sie können auch einen Teil des ausgehöhlten Tomatenfleisches fein würfeln und unter die Schinkenfüllung mischen. Dafür dann das Ei weglassen.
Statt des Schinkens können Sie auch in feine Streifen geschnittene Pökelzunge verwenden.

Gefüllte Champignons mit Hüttenkäse

Läßt sich auch mit Egerlingen zubereiten

Zutaten für 4 Personen:
300 g große Champignons
Saft von ½ Zitrone
2 Schalotten · 20 g Butter
3 Knoblauchzehen · 2 Bund
Petersilie · 50 g Hüttenkäse
Salz · frisch gemahlener
schwarzer Pfeffer

Vegetarisch

Pro Person 330 kJ/80 kcal
Vorbereitungszeit: 30 Minuten

	Einstellung	Garzeit/ Minuten
Nur Mikrowellen	600 Watt	2
Mikrowellen mit Grill	360 Watt starke Stufe	5–6
Gesamtgarzeit		7–8

Die Champignons putzen, waschen und die Stiele vorsichtig herausdrehen. Die Champignonköpfe mit dem Zitronensaft beträufeln, damit sie sich nicht verfärben. • Die Schalotten schälen und fein würfeln. • Die Schalotten mit der Butter in einer mikrowellengeeigneten Schüssel zugedeckt bei Mikrowellenleistung 600 Watt etwa 2 Minuten dünsten. • Inzwischen die Knoblauchzehen schälen und fein hacken. Die Champignonstiele in kleine Stücke schneiden. Die Petersilie waschen, verlesen und fein hacken. • Die Schalotten, den Knoblauch, die Champignonstiele und die Petersilie mit dem Hüttenkäse vermischen und mit Salz und Pfeffer abschmecken. • Die Champignonköpfe auf eine feuerfeste Platte legen und mit der Hüttenkäsemischung füllen. • Die Pilze auf dem Rost in die obere Schiene des Gerätes geben und bei Mikrowellenleistung 360 Watt und starker Grillstufe 5–6 Minuten gratinieren, bis die Füllung gut gebunden ist.
• Die Pilze heiß servieren.
• Dazu schmeckt Baguette oder Vollkornsemmeln.

Mein Tip: Wenn Sie Knoblauch nicht so gerne mögen, können Sie ihn auch weglassen und 1 Schalotte mehr verwenden.

Bananen-Thunfisch-Toasts

Schmecken auch mit Vollkorntoastbrot

Zutaten für 2 Personen:
4 Scheiben Toastbrot · 1 Dose Thunfisch naturell (Einwaage 150 g) · 1 Bund Dill
75 g Mayonnaise · Salz · frisch gemahlener schwarzer Pfeffer
Paprikapulver edelsüß
2 Bananen · 4 Scheiben junger Gouda

Besonders schnell

Pro Person 3700 kJ/880 kcal
Vorbereitungszeit: 15 Minuten

	Ein-stellung	Garzeit/ Minuten
Nur Grill	starke Stufe	4– 5
Mikrowellen mit Grill	360 Watt starke Stufe	5
Gesamtgarzeit		9–10

Die Toastbrotscheiben auf dem Rost in die obere Schiene des Gerätes geben und bei starker Grillstufe 4–5 Minuten toasten, bis sie leicht gebräunt sind. Dabei nach gut der Hälfte der Zeit wenden. • Den Thunfisch gut abtropfen lassen und in kleine Stücke teilen. Den Dill waschen, von den Stielen befreien und fein schneiden. • Den Thunfisch mit dem Dill und der Mayonnaise verrühren und vorsichtig mit Salz, Pfeffer und Paprikapulver abschmecken. • Die Bananen schälen und in Scheiben schneiden. • Die Bananen auf den Toastbroten verteilen und mit der Thunfischmasse bedecken. Den Käse darauf legen und mit etwas Paprikapulver bestäuben. • Die Toastbrote auf dem Rost in die obere Schiene des Gerätes geben und bei Mikrowellenleistung 360 Watt und starker Grillstufe etwa 5 Minuten grillen. Der Käse soll zerlaufen und leicht gebräunt sein.

Birnen-Roquefort-Toasts

Lassen sich mit jedem Edelpilzkäse zubereiten

Zutaten für 2 Personen:
4 Scheiben Toastbrot · etwas Butter · 2 kleine Birnen
4 Scheiben gekochter Schinken
100 g Roquefort · 1 Eßl. Crème fraîche · 20 g Walnußkerne

Gut vorzubereiten

Pro Person 2600 kJ/620 kcal
Vorbereitungszeit: 15 Minuten

	Ein-stellung	Garzeit/ Minuten
Nur Grill	starke Stufe	4–5
Mikrowellen mit Grill	420 Watt starke Stufe	4
Gesamtgarzeit		8–9

Die Toastbrotscheiben auf dem Rost in die obere Schiene des Gerätes geben und bei starker Grillstufe 4–5 Minuten toasten, bis sie leicht gebräunt sind. Dabei nach gut der Hälfte der Zeit wenden. • Die Toastbrote dünn mit Butter bestreichen. • Die Birnen schälen und halbieren. Die Kerngehäuse und die Stielansätze mit einem Teelöffel herauslösen.
• Den gekochten Schinken auf die Toastbrote legen. Die Birnenhälften mit der runden Seite nach unten darauf setzen. Sollten die Birnen nicht richtig liegen, das untere Ende mit einem Messer etwas flach schneiden.
• Den Roquefort mit einer Gabel zerdrücken und mit der Crème fraîche verrühren. • Die Walnußkerne grob hacken und in die Aushöhlung der Birnen füllen. Die Käsemasse darüber verteilen. • Die Toastbrote auf dem Rost in die obere Schiene des Gerätes geben und bei Mikrowellenleistung 420 Watt und starker Gillstufe etwa 4 Minuten grillen, bis der Käse leicht zerlaufen ist.

Gefülltes Baguette

Als kleines Abendessen oder Imbiß geeignet

Zutaten für 4 Personen:
1 kleines Baguette
200 g gekochter Schinken
1 Bund Frühlingszwiebeln
150 g Gouda · 2 Fleischtomaten
Salz · frisch gemahlener
schwarzer Pfeffer
Paprikapulver edelsüß

Gut vorzubereiten

Pro Person 2300 kJ/550 kcal
Vorbereitungszeit: 30 Minuten

	Einstellung	Garzeit/ Minuten
Mikrowellen mit Grill	360 Watt starke Stufe	7–9

Das Baguette in zwei Stücke teilen und die weiche Brotkrume mit einem Löffel herauslösen. • Den Schinken in Würfel schneiden. Die Frühlingszwiebeln putzen, waschen, abtrocknen und in feine Ringe schneiden. Den Gouda klein würfeln. Die Tomaten mit kochendem Wasser überbrühen, kalt abschrecken und die Häute abziehen. Die Tomaten halbieren und entkernen, dann in kleine Würfel schneiden und mit den restlichen vorbereiteten Zutaten mischen. • Die Masse mit Salz, Pfeffer und Paprikapulver abschmecken und in die ausgehöhlten Baguettehälften füllen. • Die Brote auf eine feuerfeste Platte legen, mit dem Rost in die obere Schiene des Gerätes geben und bei Mikrowellenleistung 360 Watt und starker Grillstufe 7–9 Minuten garen, bis der Käse in der Füllung geschmolzen ist. • Die Baguettehälften heiß servieren.

Mein Tip: Statt Schinken können Sie für die Füllung auch Thunfisch aus der Dose verwenden. Sie benötigen dazu 300 g Thunfisch, den Sie mit 3 gehäuteten und gewürfelten Fleischtomaten und 1 Bund Schnittlauchröllchen mischen. Die Masse abschmecken und in die Brote füllen. Die Brote mit je 3 dünnen Scheiben Gouda belegen und wie oben beschrieben garen.

Bunt gefüllter Wurstring

Ein Super-Essen

Zutaten für 4 Personen:
1 Ring Fleischwurst von etwa
600 g · ½ grüne Paprikaschote
½ kleine Salatgurke
100 g mittelalter Gouda
100 g Frühstücksspeck in
dünnen Scheiben

Preiswert
Gut vorzubereiten

Pro Person 3000 kJ/710 kcal
Vorbereitungszeit: 25 Minuten

	Einstellung	Garzeit/ Minuten
Mikrowellen mit Grill	600 Watt starke Stufe	10–13

Die Wurst enthäuten und in Abständen von 1 cm bis zur Hälfte einschneiden. Die Paprikaschoten vierteln, entkernen, waschen und in mundgerechte Stücke schneiden. Die Salatgurke schälen und in Scheiben, den Gouda in kleine Stücke schneiden. • Die Paprikastücke, die Gurke und den Käse abwechselnd in die Einschnitte der Wurst stecken. Den so gefüllten Wurstring mit dem Frühstücksspeck umwickeln. • Die Wurst auf eine feuerfeste Platte legen und auf dem Rost in die obere Schiene des Gerätes geben. Den Wurstring bei starker Grillstufe und Mikrowellenleistung 600 Watt 10–13 Minuten erwärmen und grillen. Der Frühstücksspeck sollte knusprig und gebräunt sein.

Mein Tip: Sie können den Wurstring auch mit Essiggurken, Tomaten, Schafkäse oder Zwiebeln füllen. Für Parties läßt sich dieses Gericht problemlos vorbereiten.

Gegrillte Würstchen mit Speck

Ein schnelles Essen für Zwischendurch

Zutaten für 4 Personen:
8 Wiener Würstchen
100 g Emmentaler · 16 dünne
Scheiben durchwachsener
Speck

Preiswert
Gut vorzubereiten

Pro Person 3200 kJ/760 kcal
Vorbereitungszeit: 15 Minuten

	Einstellung	Garzeit/ Minuten
Mikrowellen mit Grill	360 Watt starke Stufe	6–8

Die Würstchen mit einem scharfen Messer der Länge nach etwa ½ cm tief einschneiden, so daß eine Tasche entsteht. • Den Käse in Streifen von etwa ½ cm Dicke schneiden. Die Käsestreifen in die Taschen legen und die Würstchen mit den Speckscheiben umwickeln. • Die Würstchen in die Fettpfanne legen und in die obere Schiene des Gerätes geben. Die Würstchen bei Mikrowellenleistung 360 Watt und starker Grillstufe 6–8 Minuten grillen, bis die Speckscheiben leicht gebräunt sind. • Dazu schmecken Brot und gemischter Salat.

Mein Tip: Wer die Würstchen etwas pikanter möchte, kann die Taschen vor dem Füllen mit scharfem Senf ausstreichen.

Gefüllte Wurstnester

Ein beliebtes Party-Essen

Zutaten für 6 Nester:
6 Scheiben Kalbfleischwurst mit
Haut von je etwa ½ cm Dicke
(etwa 400 g) · 2 Essiggurken
1 gelbe Paprikaschote
1 Frühlingszwiebel · 2 Tomaten
100 g mittelalter Gouda · Salz
frisch gemahlener schwarzer
Pfeffer · 1 Bund Schnittlauch

Gut vorzubereiten
Preiswert

Pro Nest 1100 kJ/260 kcal
Vorbereitungszeit: 20 Minuten

	Einstellung	Garzeit/ Minuten
Mikrowellen mit Umluft	360 Watt 200°	10
oder		
Mikrowellen mit Ober- und Unterhitze	360 Watt 220°	

Die Wurstscheiben mit der intakten Haut auf die Fettpfanne legen. • Die Essiggurken in dünne Streifen schneiden. Die Paprikaschote halbieren, vom Stielansatz und den Kernen befreien, waschen und klein würfeln. Die Frühlingszwiebel putzen, waschen und in dünne Ringe schneiden. Die Tomaten mit kochendem Wasser überbrühen, häuten, entkernen und in Würfel schneiden. Den Gouda ebenfalls würfeln. • Alle kleingeschnittenen Zutaten vermengen und mit Salz und Pfeffer würzen. Die Masse auf den Wurstscheiben verteilen. • Die Wurstnester in die mittlere Schiene des Gerätes geben und bei Mikrowellenleistung 360 Watt und Umluft 200° etwa 10 Minuten garen. Die Wurstscheiben sollten dann nach oben gewölbt und der Käse geschmolzen sein. • Inzwischen den Schnittlauch waschen, trockentupfen und in feine Röllchen schneiden. • Die Wurstnester von der Haut befreien und mit dem Schnittlauch bestreut servieren.

Kartoffelnester mit bunter Füllung

Die Kartoffeln werden auf konventionelle Art zubereitet

Zutaten für 4 Personen:
800 g Kartoffeln · je 1 rote und
grüne Paprikaschote
1 Frühlingszwiebel
100 g roher Schinken
125 g junger Gouda
150 ccm Milch · Salz
frisch geriebene Muskatnuß
20 g Butter

Gut vorzubereiten

Pro Person 1800 kJ/430 kcal
Vorbereitungszeit: 45 Minuten

	Einstellung	Garzeit/ Minuten
Nur Mikrowellen	600 Watt	1
Mikrowellen mit Grill	600 Watt starke Stufe	10–12
Gesamtgarzeit		11–13

Die Kartoffeln waschen, in einen Topf geben, mit Wasser bedecken und auf der Kochstelle zugedeckt weich garen. • Inzwischen die Paprikaschoten putzen, waschen und klein würfeln. Die Frühlingszwiebel putzen, waschen und in dünne Ringe schneiden. Den Schinken in Streifen teilen, den Gouda fein würfeln. Diese vorbereiteten Zutaten vermischen. • Die Kartoffeln abschrecken, schälen und zerstampfen. • Die Milch bei Mikrowellenleistung 600 Watt in 1 Minute erwärmen, dann über die Kartoffeln gießen. Die Kartoffeln mit Salz und Muskat würzen, die Butter hinzufügen und alles gründlich verrühren. • Das Kartoffelpüree in einen Spritzbeutel mit Sterntülle füllen und kreisförmig in eine feuerfeste Form oder auf.die Fettpfanne spritzen. • Die so geformten Nester gleichmäßig mit der Paprikamasse füllen. • Die Kartoffelnester mit dem Rost in die mittlere Schiene des Gerätes geben und bei Mikrowellenleistung 600 Watt und starker Grillstufe 10–12 Minuten grillen, bis der Kartoffelbrei gebräunt und der Käse geschmolzen ist.

Blätterteigtaschen mit Schafkäsefüllung

Schmecken zu Bier und Wein

Zutaten für 10 Taschen:
600 g tiefgefrorener Blätterteig
3 Bund Petersilie · 300 g Schafkäse (Feta) · 1–2 Eßl. Crème fraîche · Salz · frisch gemahlener weißer Pfeffer · 1 Ei
1 Eßl. Wasser
Für die Arbeitsfläche: Mehl
Für das Backblech: eventuell Backtrennpapier

Vegetarisch
Spezialität aus der Türkei

Pro Tasche 1400 kJ/330 kcal
Vorbereitungszeit: 40 Minuten

	Einstellung	Garzeit/ Minuten
Mikrowellen mit Ober- und Unterhitze	360 Watt 200°	2mal 11–14
oder		
Mikrowellen mit Umluft	360 Watt 180°	

Den Blätterteig nach Packungsaufschrift auftauen lassen. • Inzwischen die Petersilie waschen, trockenschwenken und ohne die groben Stiele fein zerkleinern. Den Schafkäse mit einer Gabel fein zerdrücken. • Die Petersilie, den Schafkäse und die Crème fraîche gründlich verrühren und mit Salz und Pfeffer pikant abschmecken. • Die Blätterteigplatten einzeln auf der leicht bemehlten Arbeitsfläche auf knapp die doppelte Größe ausrollen. Die Platten dann halbieren. • Das Gerät ohne Zuschaltung von Mikrowellen auf Ober- und Unterhitze 200° oder Umluft 180° vorheizen. • Das Ei trennen. Die Ränder der Teigquadrate mit dem Eiweiß bestreichen, damit die gefüllten Taschen besser zusammenhalten. Die Hälfte der Teigstücke gleichmäßig mit der Käsefüllung bedecken. Die restlichen Teigplatten darüberlegen und die Ränder gut zusammendrücken. Es sollte dabei möglichst wenig Luft in den Taschen bleiben. • Das Backblech kalt abspülen oder mit Backtrennpapier auslegen. • Die Hälfte der Taschen darauflegen und in die mittlere Schiene des Gerätes geben. • Die Taschen bei Ober- und Unterhitze 200° (vorgeheizt) und Mikrowellenleistung 360 Watt 11–14 Minuten backen, bis sie goldbraun sind. • Die Taschen dann vom Blech nehmen und die restlichen Blätterteigtaschen ebenfalls backen. • Die Blätterteigtaschen schmecken heiß oder lauwarm abgekühlt.

Mein Tip: Wenn Sie ein großes Mikrowellengerät haben, können Sie die Taschen auch auf einmal backen.
Die Blätterteigtaschen lassen sich auch mit anderen Zutaten füllen. Sie können beispielsweise eine Füllung aus 3 gehäuteten, gewürfelten Tomaten, 300 g gewürfeltem gekochtem Schinken, 1 Bund in Ringe geschnittenen Frühlingszwiebeln und 100 g fein geriebenem Gouda zubereiten und die Taschen wie oben beschrieben füllen und backen. Oder Sie vermengen 340 g abgetropften Mais aus der Dose mit 1 Dose zerpflücktem Thunfisch (in eigenen Saft eingelegt), 2 hartgekochten, gewürfelten Eiern und 1 Bund feingehacktem Dill. Diese Füllung am besten mit Salz und edelsüßem Paprikapulver abschmecken.
Sie können auch 400 g Hackfleisch in einer Pfanne auf der Kochstelle anbraten und 1 gewürfelte Zwiebel dazugeben. Dann 2 gehäutete, gewürfelte Tomaten sowie 1 Bund feingehackte Petersilie hinzufügen und die Füllung mit Salz und schwarzem Pfeffer abschmecken. Nach Wunsch noch 75 g jungen, geriebenen Gouda untermengen.

Brötchen mit Bratwurstfüllung

Sie können die Käsescheiben zusätzlich mit Petersilie bestreuen

Zutaten für 2 Personen:
2 Brötchen · 1 Zwiebel · 1 Essiggurke · 200 g Bratwurstmett
1 Ei · 2 Eßl. saure Sahne · Salz
Paprikapulver edelsüß · frisch gemahlener schwarzer Pfeffer
4 Scheiben junger Gouda

Gut vorzubereiten

Pro Person 2800 kJ/670 kcal
Vorbereitungszeit: 20 Minuten

	Einstellung	Garzeit/ Minuten
Mikrowellen mit Ober- und Unterhitze	360 Watt 200°	10
oder		
Mikrowellen mit Umluft	360 Watt 180°	10

Die Brötchen quer halbieren und die weiche Brotkrume herauslösen. • Die Zwiebel schälen und sehr fein hacken. Die Essiggurke fein würfeln. • Das Bratwurstmett mit dem Ei, der Zwiebel und der Essiggurke vermengen. Die Brotkrume mit der sauren Sahne verrühren, zu der Bratwurstmasse geben und unterkneten. • Die Masse mit Salz, Paprikapulver und Pfeffer pikant abschmecken, dann auf die Brötchenhälften verteilen und gut andrücken. Jede Brötchenhälfte mit 1 Käsescheibe belegen. • Die Brötchen auf eine feuerfeste Platte legen, mit dem Rost in die obere Schiene des Gerätes geben und bei Mikrowellenleistung 360 Watt und Ober- und Unterhitze 200° etwa 10 Minuten garen, bis der Käse zerlaufen und leicht gebräunt ist. • Dazu paßt gemischter Salat.

Mein Tip: Statt einer Bratwurstfüllung können Sie auch eine Schinkenfüllung zubereiten. Dazu 200 g gekochten Schinken würfeln und mit 150 g geputzten, in Scheiben geschnittenen Champignons sowie 1 in Ringe geteilten Frühlingszwiebel vermengen. 100 g gewürfelten Gouda untermischen, mit Salz und Pfeffer abschmecken und in die Brötchen füllen. Wie oben beschrieben garen.

Fischgerichte

Sowohl im Ganzen gegarte Fische als auch Aufläufe und gefüllte und gerollte Filets gelingen im Kombinationsgerät besonders gut. Aus dem Fischsud können Sie die raffiniertesten Saucen ganz einfach zubereiten. Wagen Sie sich ruhig auch einmal an Lachs auf Wurzelgemüse mit Sauce hollandaise (Rezept Seite 53). Im Mikrowellengerät gelingt das anspruchsvolle Gericht bestimmt und schmeckt ganz toll.

Seezungenfilets Marguery

Lassen sich mit Dillspitzen verfeinern

Zutaten für 4 Personen:
500 g Seezungenfilets
100 g geputzte Garnelen
150 g ausgelöste Miesmuscheln
Saft von ½ Zitrone · 2 Zwiebeln
30 g Butter · 1 Eßl. Speisestärke
150 ccm trockener Weißwein
1 Eigelb · 150 g Crème fraîche
Salz · frisch gemahlener weißer Pfeffer

Etwas teurer

Pro Person 1700 kJ/400 kcal
Vorbereitungszeit: 30 Minuten

	Ein-stellung	Garzeit/ Minuten
Nur Mikrowellen	600 Watt	9
Mikrowellen mit Ober- und Unterhitze	360 Watt 200°	
oder		18–20
Mikrowellen mit Umluft	360 Watt 180°	
Gesamtgarzeit		27–29

Die Seezungenfilets, die Garnelen und die Muscheln waschen und trockentupfen. Mit dem Zitronensaft beträufeln. • Die Zwiebeln schälen, fein würfeln und mit der Butter zugedeckt bei Mikrowellenleistung 600 Watt 5 Minuten dünsten. • Die Speisestärke gut unterrühren. Den Wein nach und nach hinzufügen und ebenfalls gut untermischen. • Die Sauce bei Mikrowellenleistung 600 Watt offen in etwa 4 Minuten dickflüssig einkochen lassen. • Das Eigelb mit der Crème fraîche verquirlen und unter die Sauce rühren. Mit Salz und Pfeffer abschmecken. • Die Seezungenfilets salzen und pfeffern und in eine feuerfeste Form legen. Die Muscheln und die Garnelen darüber verteilen und mit der Sauce begießen. • Die Form mit dem Rost in die mittlere Schiene des Gerätes geben. Das Gericht bei Mikrowellenleistung 360 Watt und Ober- und Unterhitze 200° 18–20 Minuten garen.

Schollenfilets mit Sauce hollandaise

Läßt sich auch mit Seelachs- oder Rotbarschfilets zubereiten

Zutaten für 3 Personen:
375 g Schollenfilets · Saft von ½ Zitrone · 3 Eßl. trockener Weißwein · 100 g Butter
3 Eigelb · 2 Eßl. Weißweinessig
2 Eßl. Wasser · Salz
1 Prise Cayennepfeffer
frisch gemahlener Pfeffer
100 g Champignons
75 g geputzte Garnelen

Anspruchsvoll

Pro Person 1900 kJ/450 kcal
Vorbereitungszeit: 30 Minuten

	Ein-stellung	Garzeit/ Minuten
Nur Mikrowellen	600 Watt	2– 3
Mikrowellen mit Grill	300 Watt starke Stufe	12–15
Gesamtgarzeit		14–18

Die Schollenfilets waschen und trockentupfen. Mit 1 Eßlöffel Zitronensaft und dem Weißwein beträufeln. • Die Butter in einer Schüssel bei Mikrowellenleistung 600 Watt offen in 1–2 Minuten schmelzen. • Die Eigelbe in einem Gefäß mit dem Essig, dem Wasser und 2 Teelöffeln Zitronensaft schaumig rühren. Die leicht abgekühlte, flüssige Butter nach und nach unterrühren. • Diese Masse bei Mikrowellenleistung 600 Watt in etwa 1 Minute andicken lassen. Sie darf dabei nicht kochen. Die Sauce gut durchrühren und mit Salz und dem Cayennepfeffer abschmecken. • Die Champignons waschen, putzen und blättrig schneiden. • Die Schollenfilets salzen, pfeffern und in eine feuerfeste Form legen. Die Champignons und die Garnelen darauf verteilen und die Sauce hollandaise darüber gießen. • Die Form auf dem Rost auf die obere Schiene des Gerätes geben. • Das Gericht bei starker Grillstufe und Mikrowellenleistung 300 Watt 12–15 Minuten garen, bis die Sauce leicht gebräunt ist.

Seeteufel mit Pfeffer-Sahne-Sauce

Seeteufel wird auch als Anglerfisch oder Lotte bezeichnet

Zutaten für 6 Personen:
1 küchenfertiger Seeteufel von etwa 1,5 kg · Saft von ½ Zitrone · 2 Teel. eingelegte grüne Pfefferkörner aus dem Glas · 70 g Butter
50 ccm trockener Weißwein
50 g Sahne · Salz

Etwas teurer

Pro Person 1000 kJ/240 kcal
Vorbereitungszeit: 25 Minuten

	Einstellung	Garzeit/ Minuten
Mikrowellen mit Umluft	360 Watt 220°	10–12
oder		
Mikrowellen mit Ober- und Unterhitze	360 Watt 240°	10–12
Nur Mikrowellen	600 Watt	3
Gesamtgarzeit		13–15

Das Gerät ohne Zuschaltung von Mikrowellen auf 220/240° vorheizen. • Den Fisch kalt abspülen und trockentupfen. Den Kopf und gegebenenfalls die Haut entfernen. • Den Seeteufel mit dem Zitronensaft beträufeln und etwa 15 Minuten ziehen lassen. • Die Pfefferkörner aus der Salzlake nehmen und gut abspülen, dann in einem Mörser zerstoßen. • Den Fisch trockentupfen, in eine feuerfeste Form legen und mit etwa 20 g Butterflöckchen belegen. • Den Fisch mit dem Rost in die mittlere Schiene des Gerätes geben und bei Mikrowellenleistung 360 Watt und Umluft 220° 10–12 Minuten garen. Das Fischfleisch sollte sich dann leicht von der Mittelgräte lösen lassen. • Den Seeteufel in Alufolie wickeln und beiseite stellen. • Den Fischsud mit dem Weißwein, der Sahne und den Pfefferkörnern verrühren. • Die Sauce bei Mikrowellenleistung 600 Watt offen in etwa 3 Minuten aufkochen lassen. • Die Sauce eventuell mit Salz würzen. Die restliche kalte Butter in kleine Stücke schneiden und mit einem Schneebesen gründlich unter die Pfeffersauce schlagen. • Den Seeteufel mit der Sauce servieren.

Schleie mit Senfsauce überbacken

Statt Schleie schmeckt auch Schellfisch

Zutaten für 4 Personen:
1 Schleie (etwa 1 kg) · 2 Eßl.
Zitronensaft · 1 Zwiebel
1 Möhre · 1 Stange Lauch
1 Stück Knollensellerie · Salz
weißer Pfeffer · ⅛ l trockener
Weißwein · 50 g Butter
30 g Mehl · ⅛ l Milch · 1–2 Eßl.
gehackte Petersilie · 60 g Crème
fraîche · 1–2 Eßl. Senf · 1 Eigelb

Anspruchsvoll

Pro Person 1700 kJ/400 kcal
Vorbereitungszeit: 30 Minuten

	Einstellung	Garzeit/ Minuten
Mikrowellen mit Ober- und Unterhitze	360 Watt 200°	23–27
oder		
Mikrowellen mit Umluft	360 Watt 180°	
Nur Mikrowellen	600 Watt	3– 5
Gesamtgarzeit		26–32

Den gewaschenen Fisch mit dem Zitronensaft beträufeln. Die Zwiebel in Ringe schneiden. Das Gemüse putzen und kleinschneiden. • Den Fisch mit Salz und Pfeffer würzen und in eine feuerfeste Schale legen. Das Gemüse und den Wein hinzufügen, die Hälfte der Butter darüber verteilen. • Den Fisch mit dem Rost in die mittlere Schiene des Gerätes geben und bei Mikrowellenleistung 360 Watt und Ober- und Unterhitze 200° 18–20 Minuten garen. • Dann herausnehmen und den Sud durchsieben. • Die restliche Butter mit dem Mehl bei Mikrowellenleistung 600 Watt in 1–2 Minuten schmelzen. • Die Milch und den Sud unterrühren und alles bei Mikrowellenleistung 600 Watt 2–3 Minuten einkochen lassen. • Die Petersilie, die Crème fraîche, den Senf und das Eigelb unterrühren und über den Fisch verteilen. Den Fisch bei Mikrowellenleistung 360 Watt und Ober- und Unterhitze 200° 5–7 Minuten überbacken.

Gespickter Karpfen

Den Karpfen sollten Sie vorbestellen

Zutaten für 3 Personen:
50 g durchwachsener Speck
1 küchenfertiger Karpfen von
etwa 1 kg · Salz · frisch
gemahlener schwarzer Pfeffer
200 g Champignons
300 g Tomaten

Preiswert

Pro Person 1700 kJ/400 kcal
Vorbereitungszeit: 20 Minuten

	Einstellung	Garzeit/ Minuten
Mikrowellen mit Umluft	360 Watt 200°	25–28
oder		
Mikrowellen mit Ober- und Unterhitze	360 Watt 220°	

Den Speck in dünne Streifen schneiden. Den Karpfen innen und außen gründlich waschen und trockentupfen. • Den Fisch quer zur Faser etwas einschneiden und mit den Speckstreifen spicken. Dann innen und außen kräftig mit Salz und Pfeffer würzen. • Einen Teebecher so in den Bauchraum des Karpfens geben, daß der Fisch dadurch waagerecht stehen kann. • Den Karpfen in die Fettpfanne stellen, in die untere Schiene des Gerätes geben und bei Mikrowellenleistung 360 Watt und Umluft 200° 25–28 Minuten braten, bis der Speck leicht gebräunt ist. • Inzwischen die Pilze putzen, waschen und in dünne Scheiben schneiden. Die Tomaten mit kochendem Wasser überbrühen, abschrecken und häuten. Dann in Scheiben schneiden. • Nach etwa 15 Minuten Garzeit das Gemüse um den Karpfen herum in die Fettpfanne legen und mitgaren. • Dazu schmecken Salzkartoffeln und Salat.

Schwarzer Heilbutt mit Dillsauce

Gelingt gut im Bratbeutel oder -schlauch

Zutaten für 4 Personen:
1 Frühlingszwiebel · 20 g Butter
1 Stück schwarzer Heilbutt von etwa 1,2 kg · Saft von ½ Zitrone · 1 Bund Dill · Salz frisch gemahlener schwarzer Pfeffer · 75 ccm trockener Weißwein · 1 Teel. Speisestärke
50 g Sahne
Zum Garen: 1 Bratbeutel

Etwas teurer

Pro Person 1200 kJ/290 kcal
Vorbereitungszeit: 30 Minuten

	Einstellung	Garzeit/ Minuten
Nur Mikrowellen	600 Watt	2
Mikrowellen mit Ober- und Unterhitze	360 Watt 200°	23–26
oder		
Mikrowellen mit Umluft	360 Watt 180°	
Nur Mikrowellen	600 Watt	2– 3
Gesamtgarzeit		27–31

Die Frühlingszwiebel waschen, in Ringe schneiden und mit der Butter zugedeckt bei Mikrowellenleistung 600 Watt 2 Minuten dünsten. • Den Heilbutt innen und außen abspülen, trockentupfen, mit dem Zitronensaft beträufeln und 10 Minuten ziehen lassen.
• Den Dill waschen und fein hacken. • Den Fisch kräftig mit Salz und Pfeffer würzen und mit den Zwiebelringen in einen Bratbeutel füllen. Den Wein und ein Drittel des Dills hinzufügen. Den Bratbeutel mit einer Schnur verschließen und an der Oberseite mehrmals einstechen. • Den Fisch auf die Fettpfanne legen, in die untere Schiene des Gerätes geben und bei Mikrowellenleistung 360 Watt und Ober- und Unterhitze 200° 23–26 Minuten garen.
• Die Speisestärke mit der Sahne in einem hitzebeständigen Gefäß glattrühren. • Den gegarten Fisch aus dem Bratbeutel nehmen und filetieren.
• Den Fischsud mit der Sahne verrühren und offen bei Mikrowellenleistung 600 Watt in 2–3 Minuten aufkochen lassen.
• Die Sauce mit dem restlichen Dill verrühren und zum Fisch servieren.

Seelachs mit Kräutern und Speck

Kann auch mit Rotbarsch zubereitet werden

Zutaten für 4 Personen:
800 g Seelachsfilets · Saft von 1 Zitrone · 2 Zwiebeln
150 g durchwachsener Speck
je 1 Bund Dill und Petersilie
½ Kästchen Kresse
2 Frühlingszwiebeln · 150 g Crème fraîche · 500 g Tomaten
frisch gemahlener weißer Pfeffer · Salz

Gut vorzubereiten

Pro Person 2400 kJ/570 kcal
Vorbereitungszeit: 30 Minuten

	Einstellung	Garzeit/ Minuten
Nur Mikrowellen	600 Watt	8
Mikrowellen mit Ober- und Unterhitze	360 Watt 200°	18–20
oder		
Mikrowellen mit Umluft	360 Watt 180°	18–20
Gesamtgarzeit		26–28

Den Seelachs waschen, trockentupfen und mit dem Zitronensaft beträufeln. • Die Zwiebeln schälen und fein würfeln. Den Speck ebenfalls würfeln und mit den Zwiebeln in einem mikrowellengeeigneten Gefäß bei Mikrowellenleistung 600 Watt 8 Minuten zugedeckt dünsten. • Die Kräuter waschen und zerkleinern. Die Frühlingszwiebeln waschen und in feine Ringe schneiden. Diese Zutaten mit der Crème fraîche verrühren. • Die Tomaten heiß überbrühen, häuten, entkernen und kleinschneiden. • Den Seelachs mit Salz und Pfeffer würzen. • Die Hälfte der Speckmischung in ein feuerfestes Gefäß geben. Die Tomaten, den Fisch und die Kräutercreme darauf verteilen und mit der restlichen Speckmischung bedecken. • Den Seelachs mit dem Rost in die mittlere Schiene des Gerätes geben und bei Mikrowellenleistung 360 Watt und Ober- und Unterhitze 200° 18–20 Minuten offen garen.

Rotbarsch-Gemüse-Auflauf

Schmeckt auch mit Kabeljau

Zutaten für 3 Personen:
400 g Rotbarschfilet · Saft von 1 Zitrone · 2 Schalotten
1–2 Eßl. Butter · 50 g Crème fraîche · ½ Kästchen Kresse
Salz · 400 g Lauch · 400 g Tomaten · schwarzer Pfeffer

Preiswert

Pro Person 1400 kJ/330 kcal
Vorbereitungszeit: 30 Minuten

	Einstellung	Garzeit/ Minuten
Nur Mikrowellen	600 Watt	7
Mikrowellen mit Ober- und Unterhitze	360 Watt 200°	20
oder		
Mikrowellen mit Umluft	360 Watt 180°	20
Gesamtgarzeit		27

Den Fisch waschen, trockentupfen und mit einem Teil des Zitronensaftes beträufeln. • Die Schalotten schälen, fein hacken und mit 1 Eßlöffel Butter bei Mikrowellenleistung 600 Watt offen 2 Minuten dünsten. Dann die Crème fraîche unterrühren. • Die Kresse vom Beet schneiden, waschen und mit der Schalottenmischung im Mixer pürieren. Die Sauce mit Salz und dem restlichen Zitronensaft abschmecken. • Den Lauch putzen, waschen und in Ringe schneiden. Mit der restlichen Butter bei Mikrowellenleistung 600 Watt 5 Minuten zugedeckt dünsten, dann abtropfen lassen. • Die Tomaten waschen und in Scheiben schneiden. • Den Fisch in kleine Stücke teilen und mit dem Gemüse abwechselnd in eine feuerfeste Form mit Deckel füllen. Dabei jede Schicht mit Salz und Pfeffer würzen. Die Kressesauce darüber gießen. • Den Auflauf auf dem Rost in die untere Schiene des Gerätes geben und bei Mikrowellenleistung 360 Watt und Ober- und Unterhitze 200° etwa 20 Minuten garen. Dabei nach 15 Minuten ohne Deckel garen.

Kabeljau im Gemüsebett

Wird im Bratbeutel besonders aromatisch

Zutaten für 4 Personen:
1 küchenfertiger Kabeljau von etwa 1,2 kg · Salz · frisch gemahlener weißer Pfeffer
Saft von ½ Zitrone
1 Bund Frühlingszwiebeln
100 g Möhren · 1 milde grüne Peperone · 100 g Knollensellerie
100 ccm Riesling · 150 g Crème fraîche · Currypulver
Zum Garen: 1 Bratbeutel

Anspruchsvoll

Pro Person 1700 kJ/400 kcal
Vorbereitungszeit: 25 Minuten

	Einstellung	Garzeit/ Minuten
Mikrowellen mit Umluft	380 Watt 200°	18–20
oder		
Mikrowellen mit Ober- und Unterhitze	380 Watt 220°	18–20
Nur Mikrowellen	600 Watt	2– 3
Gesamtgarzeit		20–23

Den Kabeljau kalt abspülen und trockentupfen, dann innen und außen mit Salz, Pfeffer und dem Zitronensaft würzen. • Die Frühlingszwiebeln putzen, waschen und in Ringe schneiden. Die Möhren schälen und in Streifen schneiden. Die Peperone halbieren, entkernen, waschen und ebenfalls in Streifen schneiden. Den Sellerie schälen und in Stifte teilen.
• Einen Teil des Gemüses in den Bauch des Kabeljaus füllen.
• Einen genügend großen Bratbeutel vorbereiten. Den Fisch hineingeben und mit dem restlichen Gemüse umlegen. Den Wein dazugießen. Den Beutel mit Küchengarn verschließen und an der Oberseite einige Male einstechen. • Den Kabeljau mit dem Rost in die untere Schiene des Gerätes geben und bei Mikrowellenleistung 380 Watt und Umluft 200° 18–20 Minuten garen. • Den Fisch auf einer Platte anrichten.
• Den Fischsud in eine Schüssel gießen. Die Crème fraîche untermischen und mit Currypulver sowie eventuell noch Salz und Pfeffer würzen. • Die Sauce bei Mikrowellenleistung 600 Watt offen 2–3 Minuten kochen lassen.

Rotbarsch-Broccoli-Auflauf

Dazu schmeckt Reis

Zutaten für 4 Personen:
600 g Rotbarschfilets · Saft von ½ Zitrone · 400 g Broccoli
30 g Butter · 30 g Weizenvollkornmehl · 300 ccm Milch
1 Bund Dill · Salz · frisch gemahlener weißer Pfeffer
frisch geriebene Muskatnuß
100 g frisch geriebener Gouda
30 g Mandelblättchen

Gut vorzubereiten

Pro Person 1900 kJ/450 kcal
Vorbereitungszeit: 30 Minuten

	Einstellung	Garzeit/ Minuten
Nur Mikrowellen	600 Watt	6– 7
Mikrowellen mit Umluft	360 Watt 200°	20
oder		
Mikrowellen mit Ober- und Unterhitze	360 Watt 220°	20
Gesamtgarzeit		26–27

Die Fischfilets waschen, trockentupfen und mit dem Zitronensaft beträufeln. • Den Broccoli putzen, waschen und in gleich große Röschen teilen. • Die Butter mit dem Mehl in einer mikrowellengeeigneten Schüssel bei Mikrowellenleistung 600 Watt offen in etwa 2 Minuten schmelzen. • Dann gut durchrühren und nach und nach die Milch untermischen. • Die Sauce bei Mikrowellenleistung 600 Watt in 4–5 Minuten offen dickflüssig einkochen lassen. Dabei einmal kräftig durchrühren. • Den Dill waschen und kleinschneiden. • Die Sauce mit Dill, Salz, Pfeffer und Muskat abschmecken. • Die Fischfilets mit Salz und Pfeffer würzen und abwechselnd mit dem Broccoli in eine feuerfeste Form schichten. Die Dillsauce darübergießen. • Den Rotbarschauflauf mit dem Rost in die untere Schiene des Gerätes geben und zugedeckt bei Mikrowellenleistung 360 Watt und Umluft 200° etwa 20 Minuten garen. Dabei nach der Hälfte der Garzeit den Käse und die Mandelblättchen über dem Auflauf verteilen und alles offen fertig garen.

Muschelgratin mit Tomaten

Die Muscheln sollten Sie möglichst vorbestellen

Zutaten für 3 Personen:
1,5 kg Miesmuscheln · 1 weiße Zwiebel · 2 Knoblauchzehen
20 g Butter · ⅛ l trockener Rotwein · 1 Lorbeerblatt
1 Bund Basilikum · Salz · frisch gemahlener schwarzer Pfeffer
300 g Tomaten · 75 g junger Gouda

Anspruchsvoll

Pro Person 1300 kJ/310 kcal
Vorbereitungszeit: 45 Minuten

	Ein-stellung	Garzeit/ Minuten
Nur Mikrowellen	600 Watt	12
Mikrowellen mit Grill	360 Watt starke Stufe	8-10
Gesamtgarzeit		20–22

Die Muscheln unter fließendem kaltem Wasser gründlich bürsten und die Byssusfäden (Bart) entfernen. Muscheln, die jetzt nicht geschlossen sind, wegwerfen. • Die Zwiebel schälen und in feine Ringe schneiden. Die Knoblauchzehen schälen und sehr klein würfeln. • Die Butter mit der Zwiebel und dem Knoblauch in eine ausreichend große, mikrowellengeeignete Schüssel mit Deckel geben und bei Mikrowellenleistung 600 Watt zugedeckt etwa 2 Minuten dünsten. • Dann den Rotwein unterrühren und das Lorbeerblatt hinzufügen. Das Basilikum waschen, trockentupfen und ohne die groben Stiele fein schneiden. • Das Basilikum unter die Sauce mischen und diese mit Salz und Pfeffer abschmecken. • Die Muscheln in die Sauce geben und zugedeckt bei Mikrowellenleistung 600 Watt etwa 10 Minuten garen. Die Muscheln sollten sich dann geöffnet haben. Geschlossene Muscheln wegwerfen. • Inzwischen die Tomaten mit kochendem Wasser überbrühen, kalt abschrecken und häuten. Die Tomaten in kleine Würfel schneiden, dabei die Kerne entfernen. • Die Muscheln aus dem Sud nehmen, abtropfen lassen und aus den Schalen lösen. • Das Muschelfleisch mit den Tomatenwürfeln in eine feuerfeste Form geben. Den Sud noch einmal mit Salz und Pfeffer abschmecken, das Lorbeerblatt entfernen. Die Rotweinsauce über die Muschelmischung gießen. Den Käse fein reiben und darüber streuen. • Die Muscheln mit dem Rost in die mittlere Schiene des Gerätes geben und bei Mikrowellenleistung 360 Watt und starker Grillstufe 8–10 Minuten gratinieren, bis der Käse leicht gebräunt ist. • Dazu schmecken Baguette und ein gemischter Salat.

Mein Tip: Wenn Sie einmal keine frischen Muscheln bekommen, können Sie den Gratin auch mit tiefgefrorenen Muscheln zubereiten. Dazu 500 g gefrorene Muscheln (ohne Schalen) bei Auftaustufe (Mikrowellenleistung 180 Watt) auf einem Kunststoffrost oder -sieb in etwa 6 Minuten auftauen. Die Sauce wie oben beschrieben zubereiten. Die Muscheln und die gewürfelten Tomaten in die Form füllen, mit der Sauce und dem geriebenen Käse bedecken und bei Mikrowellenleistung 360 Watt und mittlerer Grillstufe etwa 15 Minuten offen gratinieren.
Sie können anstelle des Rotweins und der Tomaten auch trockenen Weißwein und 300 g in Ringe geschnittenen Lauch verwenden. Das Basilikum dann durch Petersilie ersetzen.

Speckforellen

Der Speck schützt den zarten Fisch vor dem Austrocknen

Zutaten für 4 Personen:
- 4 küchenfertige Forellen (etwa 1,5 kg) · 1 Bund Petersilie
- 2 Bund Schnittlauch · 50 g Butter
- 1–2 Knoblauchzehen
- 50 g Doppelrahmfrischkäse oder Crème fraîche · Salz · frisch gemahlener schwarzer Pfeffer
- 8 dünne Scheiben durchwachsener Speck

Gut vorzubereiten

Pro Person 2000 kJ/480 kcal
Vorbereitungszeit: 30 Minuten

	Einstellung	Garzeit/ Minuten
Nur Mikrowellen	600 Watt	1
Mikrowellen mit Ober- und Unterhitze	180 Watt 210°	18–20
oder		
Mikrowellen mit Umluft	180 Watt 190°	18–20
Gesamtgarzeit		19–21

Die Forellen kalt waschen und gut trockentupfen. • Die Kräuter waschen, trockenschwenken und kleinschneiden. • Die Butter in einem mikrowellengeeigneten Gefäß offen bei Mikrowellenleistung 600 Watt in 1 Minute schmelzen. Die Kräuter dazugeben. Die Knoblauchzehen schälen und durch die Presse dazudrücken. Den Frischkäse oder die Crème fraîche unterrühren. • Die Forellen innen und außen mit Salz und Pfeffer würzen. Einen Teil der Kräuterbutter in den Bauch der Fische geben. Die Forellen außen mit der restlichen Butter bestreichen und mit je 2 Speckscheiben umwickeln. • Die Forellen jeweils Kopf an Schwanz in die Fettpfanne legen und in die mittlere Schiene des Gerätes geben. Die Forellen bei Mikrowellenleistung 180 Watt und Ober- und Unterhitze 210° 18–20 Minuten garen. Die Fische dabei nach der Hälfte der Garzeit wenden. • Dazu schmecken Petersilienkartoffeln.

Lachsforelle in Riesling

Dazu schmeckt Reis am besten

Zutaten für 3 Personen:
- 1 Lachsforelle (etwa 800 g)
- 100 ccm Riesling
- Salz · frisch gemahlener weißer Pfeffer · 2 Eßl. gemischte, frisch gehackte Kräuter · 100 g Sahne
- 50 g Crème fraîche · 40 g kalte Butter · 1 Teel. frische Estragonblättchen

Etwas teurer

Pro Person 2700 kJ/640 kcal
Vorbereitungszeit: 30 Minuten

	Einstellung	Garzeit/ Minuten
Mikrowellen mit Ober- und Unterhitze	180 Watt 200°	15
oder		
Mikrowellen mit Umluft	180 Watt 180°	15
Nur Mikrowellen	600 Watt	2
Gesamtgarzeit		17

Die Lachsforelle innen und außen waschen und trockentupfen. • Den Fisch mit einem Teil des Weines beträufeln und 15 Minuten ziehen lassen. • Den Fisch dann innen und außen mit Salz und Pfeffer würzen und mit dem Wein und den Kräutern in eine feuerfeste Form mit Deckel geben. • Die Lachsforelle mit dem Rost in die untere Schiene des Gerätes geben und zugedeckt bei Mikrowellenleistung 180 Watt und Ober- und Unterhitze 200° etwa 15 Minuten garen. • Inzwischen die Sahne steif schlagen. • Die Forelle in Alufolie wickeln. • Den Fischsud in eine feuerfeste Form passieren. Die Crème fraîche unterrühren. • Die Sauce offen bei Mikrowellenleistung 600 Watt etwa 2 Minuten kochen lassen, dann gut durchrühren. • Die Butter in Stückchen schneiden und mit einem Schneebesen unter die Sauce schlagen. Die Sahne unterheben. • Die Sauce eventuell mit Salz und Pfeffer abschmecken, den Estragon darüber streuen. • Die Lachsforelle filetieren und mit der Sauce servieren.

Schellfisch mit Senfsauce

Die Sauce kann man mit Estragon verfeinern

Zutaten für 4 Personen:
1 küchenfertiger Schellfisch von etwa 850 g · 75 ccm trockener Weißwein · 1 rote Zwiebel
Salz · frisch gemahlener weißer Pfeffer · 1 Lorbeerblatt
1 Eßl. Butter · 1 Eßl. Weizenvollkornmehl · 75 ccm Milch
50 g mittelscharfer Senf

Anspruchsvoll

Pro Person 1100 kJ/260 kcal
Vorbereitungszeit: 30 Minuten

	Einstellung	Garzeit/ Minuten
Mikrowellen mit Ober- und Unterhitze	360 Watt 200°	20
oder		
Mikrowellen mit Umluft	360 Watt 180°	
Nur Mikrowellen	600 Watt	3– 4
Gesamtgarzeit		23–24

Den Fisch innen und außen abspülen und trockentupfen, dann mit dem Weißwein übergießen und etwa 15 Minuten ziehen lassen. • Die Zwiebel schälen und in feine Ringe schneiden. • Den Fisch mit Salz und Pfeffer würzen und mit der Zwiebel und dem Lorbeerblatt in eine feuerfeste Form mit Deckel legen. • Den Fisch mit dem Rost in die untere Schiene des Gerätes geben und bei Mikrowellenleistung 360 Watt und Ober- und Unterhitze 200° zugedeckt etwa 20 Minuten garen. • Den Fisch dann abtropfen lassen und in Alufolie wickeln. • Die Butter mit dem Mehl in einem feuerfesten Gefäß bei Mikrowellenleistung 600 Watt offen in 1 Minute schmelzen lassen. Dann kräftig durchrühren und die Milch nach und nach untermischen. Den Fischsud durch ein Sieb gießen und mit dem Senf gründlich unter die Sauce rühren. • Die Sauce offen bei Mikrowellenleistung 600 Watt etwa 2–3 Minuten aufkochen und dickflüssig einkochen lassen. • Die Sauce noch einmal mit einem Schneebesen kräftig durchrühren und zum Fisch servieren. • Dazu paßt Reis oder Salzkartoffeln.

Kabeljauröllchen mit Tomaten

Schmeckt auch mit Schollenfilets

Zutaten für 4 Personen:
4 Kabeljaufilets (etwa 600 g)
Saft von 1 Zitrone · 1 rote Zwiebel · 20 g Butter · 500 g Tomaten · 2 Paprikaschoten
je 1 Bund Dill und Basilikum
Salz · schwarzer Pfeffer
8 dünne Scheiben durchwachsener Speck

Preiswert

Pro Person 1300 kJ/310 kcal
Vorbereitungszeit: 30 Minuten

	Einstellung	Garzeit/ Minuten
Nur Mikrowellen	600 Watt	3
Mikrowellen mit Ober- und Unterhitze	360 Watt 200°	
oder		20
Mikrowellen mit Umluft	360 Watt 180°	
Gesamtgarzeit		23

Die Fischfilets längs halbieren, waschen, abtrocknen und mit dem Zitronensaft beträufeln. • Die Zwiebel schälen, würfeln und mit der Butter in einer großen feuerfesten Form offen bei Mikrowellenleistung 600 Watt etwa 3 Minuten dünsten. • Die Tomaten mit kochendem Wasser überbrühen und häuten. 2 davon vierteln und entkernen, die restlichen ebenfalls entkernen, dann würfeln. Die Paprikaschoten putzen, waschen und in Würfel schneiden. • Die Paprika- und die Tomatenwürfel zu der Zwiebel geben. • Die Kräuter waschen und getrennt kleinschneiden. Das Basilikum zum Gemüse geben. • Die Fischfilets mit Salz und Pfeffer würzen, dann mit den Tomatenvierteln und dem Dill belegen. Die Fischfilets aufrollen, mit dem Speck umwickeln und mit Holzzahnstochern zusammenstecken. • Die Röllchen auf das Gemüse legen, mit dem Rost in die untere Schiene des Gerätes geben und bei Mikrowellenleistung 360 Watt und Ober- und Unterhitze 200° etwa 20 Minuten offen garen.

Fischröllchen mit Safransauce

Dazu paßt am besten Reis

Zutaten für 4 Personen:
4 Schollenfilets (etwa 500 g)
Saft von 1 Zitrone · Salz
frisch gemahlener weißer Pfeffer
125 g Doppelrahmfrischkäse
100 g geputzte Garnelen
1 Bund Dill · 50 ccm trockener Weißwein · 3 Messerspitzen Safranpulver · 1 Eigelb

Etwas teurer

Pro Person 1000 kJ/240 kcal
Vorbereitungszeit: 20 Minuten

	Einstellung	Garzeit/ Minuten
Mikrowellen mit Ober- und Unterhitze	180 Watt 200°	
oder		15
Mikrowellen mit Umluft	180 Watt 180°	
Nur Mikrowellen	600 Watt	1
Gesamtgarzeit		16

Die Fischfilets mit dem Zitronensaft beträufeln und mit Salz und Pfeffer würzen. • Die Filets der Länge nach in Streifen von 2–3 cm Breite schneiden und mit etwas Frischkäse bestreichen. Die Garnelen darauf verteilen. Den Dill kleinschneiden und darüberstreuen. • Die Fischstreifen aufrollen und mit Holzzahnstochern feststecken. • Die Röllchen in eine feuerfeste Form geben. Den Wein mit dem restlichen Frischkäse und dem Safran verrühren und hinzufügen. • Die Fischröllchen mit dem Rost in die mittlere Schiene des Gerätes geben und bei Mikrowellenleistung 180 Watt und Ober- und Unterhitze 200° zugedeckt etwa 15 Minuten garen. • Die Fischröllchen aus der Sauce nehmen und mit Alufolie abdecken. • Die Sauce durchrühren und das Eigelb unterschlagen. Bei Mikrowellenleistung 600 Watt offen in 1 Minute einkochen lassen. Zu den Fischröllchen servieren.

Gebratener Zander

Dazu schmecken Petersilienkartoffeln und Spinat

Zutaten für 4 Personen:
1 küchenfertiger Zander (etwa 1,2 kg) · Saft von 1 Zitrone
50 g Butter · 1 Knoblauchzehe
1 Bund Dill · 1 Bund Petersilie
Salz · frisch gemahlener schwarzer Pfeffer
50 ccm Gemüsebrühe
200 g saure Sahne

Etwas teurer

Pro Person 1400 kJ/330 kcal
Vorbereitungszeit: 30 Minuten

	Einstellung	Garzeit/ Minuten
Nur Mikrowellen	600 Watt	1
Mikrowellen mit Ober- und Unterhitze	180 Watt 200°	20
oder		
Mikrowellen mit Umluft	180 Watt 180°	20
Gesamtgarzeit		21

Den Zander innen und außen gut waschen und trockentupfen. Den Fisch mit dem Zitronensaft beträufeln und etwa 15 Minuten ziehen lassen. • Die Butter in einem mikrowellengeeigneten Gefäß offen bei Mikrowellenleistung 600 Watt in 1 Minute schmelzen lassen. • Die Knoblauchzehe schälen und durch die Presse in die Butter drücken. Die Kräuter waschen, trockenschwenken, kleinschneiden und unter die Knoblauchbutter rühren. • Den Zander innen und außen mit Salz und Pfeffer würzen. • Eine feuerfeste Tasse in die Mitte der Fettpfanne stellen. Den Zander mit der Bauchöffnung nach unten darauf stellen und mit der Kräuterbutter bestreichen. • Den Zander in die untere Schiene des Gerätes geben und bei Mikrowellenleistung 180 Watt und Ober- und Unterhitze 200° etwa 20 Minuten braten. • Dabei häufig mit der Kräuterbutter bestreichen. • Nach 10 Minuten Garzeit die Gemüsebrühe in die Fettpfanne gießen. • Nach etwa 17 Minuten die saure Sahne mit der Gemüsebrühe verrühren. Den Bratfond aus der Fettpfanne lösen und dazu servieren.

Zahnbrassen mit Pilzfüllung

Schmeckt auch mit Gold- oder Rotbrassen

Zutaten für 4 Personen:
2 große oder 4 kleine Zahnbrassen (etwa 1 kg)
⅛ l trockener Weißwein
1 rote Zwiebel · 50 g Butter
200 g Champignons
150 g beliebiges Fischfilet
1 Bund Petersilie · 1 Ei
etwa 50 g Vollkornbrösel · Salz
frisch gemahlener schwarzer Pfeffer · 50 g Crème fraîche

Anspruchsvoll

Pro Person 1700 kJ/400 kcal
Vorbereitungszeit: 1 Stunde

	Einstellung	Garzeit/ Minuten
Nur Mikrowellen	600 Watt	6
Mikrowellen mit Umluft	300 Watt 200°	28–30
oder		
Mikrowellen mit Ober- und Unterhitze	300 Watt 220°	28–30
Nur Mikrowellen	600 Watt	2– 3
Gesamtgarzeit		36–39

Die Fische gegebenenfalls schuppen und ausnehmen, dann innen und außen gründlich kalt abspülen. Die Brassen gut trockentupfen, mit einigen Eßlöffeln Weißwein beträufeln und zugedeckt etwa 30 Minuten ziehen lassen. • Inzwischen die Zwiebel schälen, in kleine Würfel schneiden und mit etwa 20 g Butter in eine mikrowellengeeignete Schüssel geben. • Die Zwiebelwürfel bei Mikrowellenleistung 600 Watt zugedeckt etwa 3 Minuten dünsten. • Die Champignons putzen, waschen und in dünne Scheiben schneiden. • Die Pilze in einer mikrowellengeeigneten Schüssel zugedeckt bei Mikrowellenleistung 600 Watt etwa 3 Minuten dünsten. Dann weitere 3 Minuten zugedeckt stehenlassen. • Das Fischfilet durch die feine Scheibe des Fleischwolfs drehen oder in der Küchenmaschine fein zerkleinern. • Die Pilze abtropfen lassen und mit den Zwiebeln und dem zerkleinerten Fischfilet vermengen. • Die Petersilie waschen, trockentupfen und kleinschneiden, dann mit dem Ei unter die Füllung mischen. So viel Vollkornbrösel untermengen, bis eine gebundene, nicht zu weiche Masse entsteht. Die Füllung mit Salz und Pfeffer abschmecken. • Die Brassen trockentupfen und mit der Pilzmasse füllen. Dabei einen Teil der Masse zurückbehalten. Die Fische mit Küchengarn zunähen und mit Salz und Pfeffer würzen. • Die Brassen so in die Fettpfanne geben, daß die Fische jeweils mit dem Kopf am Schwanzende des nächsten Fisches liegen. Die Oberfläche der Brassen mit der restlichen Füllung bestreichen. Die Hälfte der restlichen Butter in Flöckchen darauf verteilen. • Die Fettpfanne in die untere Schiene des Gerätes geben und die Brassen bei Mikrowellenleistung 300 Watt und Umluft 200° 28–30 Minuten garen, bis sie schön gebräunt sind. • Dabei nach etwa 10 Minuten den restlichen Wein angießen. • Nach weiteren 10 Minuten die restliche Butter auf den Fischen verteilen. Sollten die Brassen ungleichmäßig bräunen, die Fettpfanne drehen. • Die Brassen aus der Fettpfanne nehmen und mit Alufolie abdecken. • Den Bratfond lösen und durch ein Sieb in ein feuerfestes Gefäß passieren. Eventuell noch etwas Wasser oder Wein unterrühren. Die Crème fraîche untermischen. • Die Sauce mit Salz und Pfeffer abschmecken und zugedeckt bei Mikrowellenleistung 600 Watt in 2–3 Minuten aufkochen lassen. • Die Sauce zu den Brassen servieren. • Dazu passen Salz- oder Pellkartoffeln und Salat.

Makrelen mit Lauch

Können Sie auch mit Schellfisch zubereiten

Zutaten für 4 Personen:
2 große oder 4 kleinere Makrelen (etwa 1 kg) · Saft von 1 Zitrone · 600 g Lauch · Salz frisch gemahlener schwarzer Pfeffer · etwas Sojasauce · 2 Eßl. Crème fraîche · 1 Eßl. Butter

Preiswert

Pro Person 1900 kJ/450 kcal
Vorbereitungszeit: 30 Minuten

	Ein-stellung	Garzeit/ Minuten
Mikrowellen mit Umluft	360 Watt 200°	18–20
oder		
Mikrowellen mit Ober- und Unterhitze	360 Watt 220°	18–20

Die Makrelen innen und außen kalt waschen und trockentupfen. Mit dem Zitronensaft beträufeln und etwa 15 Minuten ziehen lassen. • Inzwischen den Lauch putzen, waschen und in feine Ringe schneiden. • Die Fische links und rechts der Mittelgeräte in Abständen von etwa 1 cm etwa ½ cm tief einschneiden. Die Makrelen innen und außen mit Salz und Pfeffer würzen. In die Einschnitte jeweils etwas Sojasauce träufeln. • Die Makrelen so in die Fettpfanne geben, daß die Fische jeweils mit dem Kopf am Schwanzende des nächsten Fisches liegen. Den Lauch um die Fische verteilen. • Die Fettpfanne in die mittlere Schiene des Gerätes geben und die Makrelen bei Mikrowellenleistung 360 Watt und Umluft 200° 18–20 Minuten garen, bis sie leicht gebräunt sind. • Dabei nach etwa 12 Minuten die Makrelen wenden und den Lauch gut umrühren. Die Crème fraîche über dem Lauch verteilen, die Makrelen mit der Butter in Flöckchen belegen. • Die gegarten Makrelen filetieren. Den Lauch umrühren, eventuell mit Salz und Pfeffer abschmekken und zu den Makrelen servieren. • Dazu schmecken Salzkartoffeln.

Curryfisch mit Früchten

Der in der Ostsee lebende Kabeljau heißt Dorsch

Zutaten für 4 Personen:
4 Dorschfilets von je etwa 200 g
Saft von 1 Zitrone · 1 rote
Zwiebel · 20 g Butter · 1 Banane
1 kleine Dose Ananas · 1 Apfel
1 Knoblauchzehe · Salz · frisch
gemahlener weißer Pfeffer
einige Spritzer Tabascosauce
Currypulver
2 Eßl. Crème fraîche

Gut vorzubereiten

Pro Person 1400 kJ/330 kcal
Vorbereitungszeit: 30 Minuten

	Einstellung	Garzeit/ Minuten
Nur Mikrowellen	600 Watt	3
Mikrowellen mit Umluft	360 Watt 180°	20
oder		
Mikrowellen mit Ober- und Unterhitze	360 Watt 200°	20
Gesamtgarzeit		23

Die Fischfilets waschen, abtrocknen und mit dem Zitronensaft beträufeln. • Die Zwiebel schälen und fein hakken, dann mit der Butter in einem Gefäß zugedeckt bei Mikrowellenleistung 600 Watt etwa 3 Minuten dünsten. • Die Banane klein würfeln. Die Ananas abtropfen lassen und in dünne Streifen schneiden. Den Apfel schälen, vom Kerngehäuse befreien und kleinschneiden. • Das Obst mit der Zwiebel mischen. Den Knoblauch schälen und dazupressen. Die Mischung mit Salz, Pfeffer, Tabasco und Curry würzen, die Crème fraîche unterrühren. • Die Fischfilets mit Salz und Pfeffer würzen. 2 Filets in eine feuerfeste Form legen und mit der Hälfte der Obstmischung bedecken. Die restlichen Fischfilets und das restliche Obst darauf geben. • Das Gericht mit dem Rost in die untere Schiene des Gerätes geben und offen bei Mikrowellenleistung 360 Watt und Umluft 180° etwa 20 Minuten garen.

Seelachs mit Tomatenpaprika

Schmeckt auch mit Rotbarschfilets

Zutaten für 4 Personen:
800 g Seelachsfilets
Saft von 1 Zitrone
1 Glas Tomatenpaprika
(Abtropfgewicht 165 g)
200 g Camembert
3 Zweige frischer Rosmarin
Salz · frisch gemahlener
schwarzer Pfeffer

Besonders schnell

Pro Person 1100 kJ/260 kcal
Vorbereitungszeit: 15 Minuten

	Einstellung	Garzeit/ Minuten
Mikrowellen mit Grill	360 Watt mittlere Stufe	12–14

Die Fischfilets kalt abspülen und mit Küchenpapier trockentupfen, dann mit dem Zitronensaft beträufeln. • Den Tomatenpaprika gründlich abtropfen lassen und in kleine Würfel schneiden. Den Camembert ebenfalls klein würfeln und mit dem Tomatenpaprika mischen. Den Rosmarin waschen, trockentupfen und die Nadeln von den Stielen streifen. Den Rosmarin ebenfalls unter die Tomatenpaprika-Käsemasse mengen. • Die Fischfilets mit Salz und Pfeffer würzen und in eine flache, feuerfeste Form legen. Die Paprika-Käsemischung gleichmäßig auf dem Fisch verteilen. • Die Fischfilets auf dem Rost in die mittlere Schiene des Gerätes geben und bei Mikrowellenleistung 360 Watt und mittlerer Grillstufe 12–14 Minuten gratinieren. Der Belag sollte dann leicht gebräunt sein. • Dazu schmeckt körnig gegarter Reis oder Baguette.

Lachs auf Wurzelgemüse mit Sauce hollandaise

Den Lachs sollten Sie besser vorbestellen

Zutaten für 6–8 Personen:
1 küchenfertiger Lachs von
etwa 2 kg · Saft von 1 Zitrone
1 Stange Lauch · 3 Möhren
1 Stück Knollensellerie
Salz · frisch gemahlener weißer
Pfeffer · 150 ccm Wasser
150 ccm trockener Weißwein
150 g Butter · 3 Eigelb
Cayennepfeffer

Etwas teurer

Bei 8 Personen 2400 kJ/ kcal pro Person
Vorbereitungszeit: 30 Minuten

	Einstellung	Garzeit/ Minuten
Mikrowellen mit Ober- und Unterhitze	360 Watt 200°	30
oder		
Mikrowellen mit Umluft	360 Watt 180°	30
Nur Mikrowellen	600 Watt	2½
Gesamtgarzeit		32½

Den Lachs waschen, trokkentupfen und mit dem Zitronensaft beträufeln. • Den Lauch putzen, waschen und in Ringe schneiden. Die Möhren und den Sellerie schälen und in Stifte schneiden. • Den Fisch mit Salz und Pfeffer würzen und in die Fettpfanne legen. Das Gemüse daneben verteilen. Das Wasser und den Wein angießen. • Den Lachs mit einigen Butterflöckchen belegen, in die untere Schiene des Gerätes geben und bei Mikrowellenleistung 360 Watt und Ober- und Unterhitze 200° etwa 30 Minuten garen. Dabei nach der Hälfte der Garzeit wenden. • Den Lachs aus dem Sud heben und mit Alufolie abdecken. • Die restliche Butter in einem feuerfesten Gefäß bei Mikrowellenleistung 600 Watt in etwa 2 Minuten offen schmelzen. • Die Eigelbe mit 6 Eßlöffeln Fischsud schaumig rühren. • Die flüssige Butter eßlöffelweise mit einem Schneebesen gründlich unterrühren. • Die Sauce mit Salz und Cayennepfeffer abschmecken und bei Mikrowellenleistung 600 Watt in ½ Minute dickflüssig einkochen lassen. • Den Lachs mit dem Gemüse und der Sauce hollandaise servieren.

Fleisch- und Geflügelspezialitäten

Besonders für die Zubereitung von Fleisch und Geflügel ist Ihr Mikrowellen-Kombinationsgerät ideal. Die Garzeiten verkürzen sich oft um die Hälfte, und Sie müssen dennoch nicht auf appetitliche Krusten verzichten. Gerade beim täglichen Kochen werden Sie es bald zu schätzen lernen, daß das Gericht schon nach kurzer Zeit servierbereit ist. Und auch bei den vorzubereitenden Arbeiten leistet das Kombinationsgerät gute Dienste.
Während der Ruhepause des Bratens können Sie die Sauce mit dem Mikrowellengerät in Minutenschnelle gleich im Serviergeschirr fertigstellen. Auf diese Arbeitserleichterung werden Sie schon nach kurzer Zeit nicht mehr verzichten wollen.
Hier sehen Sie den Rinderbraten in Rotweinsauce abgebildet. Rezept Seite 62.

Schweinebraten mit Kruste

Der Kümmel sorgt für die Bekömmlichkeit

Zutaten für 4 Personen:
800 g magere Schweineschulter
mit Schwarte · Salz · frisch
gemahlener schwarzer Pfeffer
1 Teel. gemahlener Kümmel
1 Möhre · 1 kleine Stange Lauch
50 g Knollensellerie · ½ Bund
Petersilie · 1 kleine Zwiebel
200 ccm Wasser

Preiswert

Pro Person 2400 kJ/570 kcal
Vorbereitungszeit: 15 Minuten

	Einstellung	Garzeit/ Minuten
Mikrowellen mit Umluft	380 Watt 200°	35–45
oder		
Mikrowellen mit Ober- und Unterhitze	380 Watt 220°	
Nur Mikrowellen	600 Watt	1– 2
Gesamtgarzeit		36–47

Das Fleisch abspülen und trockentupfen. Die Schwarte etwa 1 cm tief rautenförmig einschneiden. Das Fleisch mit Salz, Pfeffer und dem Kümmel kräftig würzen und mit der Schwarte nach oben in eine feuerfeste Form mit Rand legen. • Den Braten mit dem Rost in die untere Schiene des Gerätes geben und bei Mikrowellenleistung 380 Watt und Umluft 200° 35–40 Minuten braten, bis die Schwarte knusprig ist. • Inzwischen das Gemüse, die Petersilie und die Zwiebel putzen oder schälen, waschen und grob zerkleinern. • Nach etwa 15 Minuten das Gemüse mit dem Wasser zum Braten geben. • Den Schweinebraten aus dem Gerät nehmen, in Alufolie wikkeln und 5–10 Minuten ruhen lassen. • Den Bratfond durch ein Sieb in eine Schüssel passieren, nach Wunsch entfetten. Den Fond mit Salz und Pfeffer abschmecken und bei Mikrowellenleistung 600 Watt 1–2 Minuten offen kochen lassen.

Gebratene Schweinshaxe mit Bier

Sie können die Schwarte auch entfernen

Zutaten für 3 Personen:
1 Schweinshaxe von etwa 1 kg
Salz · frisch gemahlener
schwarzer Pfeffer · 1 rote
Zwiebel · 1 Bund Petersilie
200 ccm Fleischbrühe
150 ccm dunkles Bier

Spezialität aus Bayern

Pro Person 1800 kJ/430 kcal
Vorbereitungszeit: 20 Minuten

	Einstellung	Garzeit/ Minuten
Mikrowellen mit Umluft	360 Watt 200°	40–45
oder		
Mikrowellen mit Ober- und Unterhitze	360 Watt 220°	
Nur Mikrowellen	600 Watt	2
Gesamtgarzeit		42–47

Die Schweinshaxe waschen und trockentupfen. Die Schwarte mit einem scharfen Messer rautenförmig einschneiden. Die Haxe mit Salz und Pfeffer würzen, in ein feuerfestes Gefäß geben und mit dem Rost in die untere Schiene des Gerätes geben. • Die Haxe bei Mikrowellenleistung 360 Watt und Umluft 200° zugedeckt 20 Minuten garen. • Die Zwiebel würfeln. Die Petersilie waschen und kleinschneiden. • Die Haxe aus dem Gefäß nehmen und auf den Rost legen. Die Zwiebel, die Petersilie und die Brühe in die Fettpfanne geben. Den Rost über der Fettpfanne in die untere Schiene des Gerätes schieben. Die Haxe mit Bier bestreichen und 20–25 Minuten garen, bis sie knusprig ist. Dabei nach 10 Minuten die Haxe noch einmal mit Bier bestreichen und das restliche Bier in die Fettpfanne gießen. • Die Haxe in Alufolie wickeln. Die Sauce in ein feuerfestes Gefäß passieren. • Die Sauce mit Salz und Pfeffer abschmecken und bei Mikrowellenleistung 600 Watt in 2 Minuten offen aufkochen.

Schweinelende auf Spargel

Schmeckt auch mit Schwarzwurzeln

Zutaten für 4 Personen:
1 kg Spargel · ⅛ l Wasser · Salz
1 Teel. Zucker · 1 Eßl. Öl · 1 Eßl. Essig · 1 Eßl. Butterschmalz
400 g Schweinelende
800 g gegarte Pellkartoffeln
150 ccm Milch · 150 g Gouda
150 g Sahne · 2 Eigelb
2 Tomaten

Anspruchsvoll

Pro Person 3100 kJ/740 kcal
Vorbereitungszeit: 50 Minuten

	Einstellung	Garzeit/ Minuten
Nur Mikrowellen	600 Watt	10
Nur Mikrowellen	360 Watt	6
Nur Mikrowellen	600 Watt	3
Mikrowellen mit Ober- und Unterhitze	360 Watt 220°	15–18
oder		
Mikrowellen mit Umluft	360 Watt 200°	
Gesamtgarzeit		34–37

Den Spargel schälen und mit dem Wasser, Salz, dem Zucker, dem Öl und dem Essig in einer länglichen Form zugedeckt bei Mikrowellenleistung 600 Watt 10 Minuten kochen. Dann bei Mikrowellenleistung 360 Watt in etwa 6 Minuten fertig garen. • Das Schmalz in einer Pfanne auf der Kochstelle erhitzen. Die Lende in 4 Scheiben schneiden, in dem Fett anbraten. Dann salzen. • Die Kartoffeln schälen und zerstampfen. • Die Milch bei Mikrowellenleistung 600 Watt 1 Minute erhitzen, dann mit Salz unter die Kartoffeln rühren. Den Brei dekorativ am Rand einer feuerfesten Form verteilen. • Den abgetropften Spargel in die Mitte geben. • Die Hälfte des Gouda reiben, mit der Sahne und den Eigelben verrühren, bei Mikrowellenleistung 600 Watt 2 Minuten kochen und über den Spargel gießen. • Die Tomaten häuten, würfeln und mit der Lende darüber geben. Den restlichen Käse in Scheiben darauf verteilen. • Den Spargel in die untere Schiene des Gerätes geben und bei Mikrowellenleistung 360 Watt und Ober- und Unterhitze 220° in 15–18 Minuten goldbraun backen.

Gefüllte Kalbsbrust

Mit Kartoffelkroketten und Gemüse ein beliebtes Festessen

Zutaten für 6 Personen:
2 altbackene Brötchen
¼ l Wasser · 2 Zwiebeln
200 g Bratwurstmett · 2 Eier
1 Bund Petersilie · Salz · frisch gemahlener schwarzer Pfeffer
1 kg Kalbsbrust ohne Knochen mit eingeschnittener Tasche
1 Stange Lauch · 1 kleine Sellerieknolle · ½ l Kalbsbrühe
75 g Crème fraîche

Klassisches Gericht

Pro Person 2000 kJ/480 kcal
Vorbereitungszeit: 45 Minuten

	Einstellung	Garzeit/ Minuten
Mikrowellen mit Ober- und Unterhitze	360 Watt 200°	50–55
oder		
Mikrowellen mit Umluft	360 Watt 180°	50–55
Nur Mikrowellen	600 Watt	3
Gesamtgarzeit		53–58

Die Brötchen würfeln und in dem Wasser einweichen. • 1 Zwiebel hacken und mit dem Mett und den Eiern vermengen. Die Petersilie kleinschneiden und mit den ausgedrückten Brötchen, Salz und Pfeffer zu der Wurstmasse geben. • Die Kalbsbrust waschen, abtrocknen und die Füllung in die Tasche geben. Diese mit Garn zunähen. • Das Fleisch mit Salz und Pfeffer würzen, in die Fettpfanne legen und in die untere Schiene des Gerätes geben. • Die Kalbsbrust bei Mikrowellenleistung 360 Watt und Ober- und Unterhitze 200° 50–55 Minuten braten, bis sie gebräunt ist. • Die restliche Zwiebel hacken. Den Lauch in Ringe schneiden. Den Sellerie schälen und würfeln. • Das Gemüse nach 15 Minuten Bratzeit mit der Brühe in die Fettpfanne geben. • Das Fleisch nach gut der Hälfte der Zeit wenden. • Das gegarte Fleisch mit Alufolie abdecken. • Den Bratfond durch ein Sieb in ein feuerfestes Gefäß passieren und mit der Crème fraîche verrühren. • Die Sauce mit Salz und Pfeffer abschmecken und bei Mikrowellenleistung 600 Watt 3 Minuten erhitzen.

Kalbsrollbraten mit Spinatfüllung

Schmeckt auch mit Lammfleisch

Zutaten für 6 Personen:
400 g Spinat · 100 g Champignons · 10 g Butter
1 kg Kalbsbrust ohne Knochen
Salz · frisch gemahlener schwarzer Pfeffer · 200 g Kalbsbrät · frisch geriebene Muskatnuß · 1 kleine Zwiebel
1 Knoblauchzehe · ⅛ l Wasser
⅛ l trockener Rotwein
1 kleine Dose Tomatenmark

Gut vorzubereiten

Pro Person 1500 kJ/360 kcal
Vorbereitungszeit: 40 Minuten

	Einstellung	Garzeit/ Minuten
Nur Mikrowellen	600 Watt	6– 8
Mikrowellen mit Umluft	380 Watt 190°	50–55
oder		
Mikrowellen mit Ober- und Unterhitze	380 Watt 210°	50–55
Nur Mikrowellen	600 Watt	3– 4
Gesamtgarzeit		59–67

Den Spinat verlesen und waschen. Dann in einer mikrowellengeeigneten Schüssel bei Mikrowellenleistung 600 Watt zugedeckt 3–4 Minuten dünsten. Anschließend weitere 3 Minuten zugedeckt stehenlassen. • Die Champignons putzen, waschen und blättrig schneiden. Mit der Butter in einer mikrowellengeeigneten Schüssel zugedeckt bei Mikrowellenleistung 600 Watt 3–4 Minuten dünsten. Anschließend ebenfalls weitere 3 Minuten zugedeckt stehenlassen. • Die Kalbsbrust kalt abspülen und mit Küchenpapier trockentupfen. Die Kalbsbrust der Länge nach mit einem scharfen Messer einschneiden. Dabei an der Längsseite zusammenhängend lassen, so daß sie zu einem Rechteck aufgeschlagen werden kann. • Das Fleisch auf beiden Seiten mit Salz und Pfeffer würzen. Die Kalbsbrust auf einer Seite gleichmäßig mit dem Kalbsbrät bestreichen. Den Spinat abtropfen lassen und darauf verteilen. Die Champignons ebenfalls abtropfen lassen und darübergeben. Alles mit Salz, Pfeffer und Muskat würzen. • Die Kalbsbrust von der Schmalseite her zu einer Roulade aufrollen und mit Küchengarn gut verschließen. • Den Rollbraten in eine große feuerfeste Form mit Rand legen und auf dem Rost in die untere Schiene des Gerätes schieben. Den Rollbraten bei Mikrowellenleistung 380 Watt und Umluft 190° 50–55 Minuten garen, bis er schön gebräunt ist. • Inzwischen die Zwiebel und die Knoblauchzehe schälen und grob hacken. • Nach etwa 20 Minuten Garzeit den Rollbraten wenden und in der Form drehen. Die Zwiebel und den Knoblauch hinzufügen. • Nach weiteren 10 Minuten das Wasser angießen. • Den Rotwein mit dem Tomatenmark verrühren. • Nach Ende der Garzeit den Rollbraten in Alufolie wikkeln und 5–10 Minuten ruhen lassen. Dadurch verteilt sich der Fleischsaft gleichmäßig. • Den Bratfond durch ein Sieb in eine feuerfeste Schüssel passieren. Den Fond mit der Rotweinmischung verrühren und mit Salz und Pfeffer abschmecken. Dann bei Mikrowellenleistung 600 Watt 3–4 Minuten offen kochen lassen. • Den Rollbraten in Scheiben schneiden und die Sauce dazu servieren. • Dazu schmecken Nudeln und Zucchini-Möhren-Gemüse.

Rinderbraten mit Speck-Kräuterfüllung

Wird durch die Füllung besonders aromatisch

Zutaten für 5 Personen:
1 kg Rinderbraten · je 1 Bund Petersilie, Basilikum und Schnittlauch · 2 Eßl. Senf · 100 g Speck
100 g Emmentaler · Salz
schwarzer Pfeffer · Paprikapulver · 5–6 Schalotten
1 Knoblauchzehe · 175 ccm Rotwein · 1 Fleischtomate
75 ccm Fleischbrühe · 2 Eßl. Crème fraîche

Gut vorzubereiten

Pro Person 2500 kJ/600 kcal
Vorbereitungszeit: 40 Minuten

	Einstellung	Garzeit/ Minuten
Mikrowellen mit Umluft	360 Watt 190°	50
oder		
Mikrowellen mit Ober- und Unterhitze	360 Watt 210°	
Nur Mikrowellen	600 Watt	2– 3
Gesamtgarzeit		52–53

Den Braten an der Oberseite im Abstand von 2 cm bis knapp zur Hälfte einschneiden. • Die Kräuter hacken und mit dem Senf mischen. Den Speck und den Käse in Streifen schneiden. • Die Einschnitte mit der Senfmischung bestreichen und mit dem Speck und dem Käse füllen. Den Braten mit Garn zusammenbinden und mit Salz, Pfeffer und Paprikapulver würzen. • Die Schalotten und den Knoblauch schälen. Den Knoblauch würfeln. • Den Braten in eine feuerfeste Form mit Deckel geben. Die Schalotten, den Knoblauch und den Rotwein hinzufügen. • Den Braten mit dem Rost in die untere Schiene des Gerätes geben und bei Mikrowellenleistung 360 Watt und Umluft 190° in etwa 50 Minuten braun garen. • Inzwischen die Tomate würfeln und nach 20 Minuten zum Fleisch geben. • Den Braten die letzten 10 Minuten offen garen. • Das Fleisch in Alufolie wickeln. • Den Bratfond in ein feuerfestes Gefäß passieren und mit der Brühe und der Crème fraîche verrühren. • Die Sauce abschmecken und bei Mikrowellenleistung 600 Watt 2–3 Minuten kochen.

Roastbeef mit Sauce béarnaise

Schmeckt auch kalt zum Beispiel für ein Partybuffet

Zutaten für 6 Personen:
Für den Braten: je 1 Bund Basilikum, Petersilie und Schnittlauch · 1 Knoblauchzehe
5 Eßl. Distelöl · gemahlener Zitronenpfeffer
1,2 kg Roastbeef
Für die Sauce: 3 Schalotten
etwa 3 Stengel Estragon
etwa 3 Stengel Kerbel
(ersatzweise jeweils 1 Teel. getrocknete Kräuter)
3 Eßl. trockener Weißwein
2 Eßl. Estragonessig
3 Eßl. Fleischbrühe · frisch gemahlener weißer Pfeffer
150 g Butter · 3 Eigelb · Salz
Cayennepfeffer

Klassisches Gericht

Pro Person 2900 kJ/690 kcal
Vorbereitungszeit: 20 Minuten
Marinierzeit: 12 Stunden
Fertigstellung: 15 Minuten

	Einstellung	Garzeit/ Minuten
Nur Mikrowellen	600 Watt	4
Mikrowellen mit Ober- und Unterhitze	180 Watt 220°	20–30
oder		
Mikrowellen mit Umluft	180 Watt 200°	20–30
Nur Mikrowellen	600 Watt	2½
Gesamtgarzeit		26½–36½

Für das Roastbeef die Kräuter waschen, trockenschwenken und ohne die groben Stiele fein zerkleinern. • Die Knoblauchzehe schälen und durch die Presse in das Öl drücken. Die Kräuter mit Pfeffer untermischen. • Das Fleisch kalt abspülen und mit Küchenpapier trockentupfen. Das Fleisch mit der Marinade in eine ausreichend große Schüssel geben und rundherum mit der Marinade bepinseln. • Das Fleisch zugedeckt etwa 12 Stunden im Kühlschrank marinieren. Dabei gelegentlich wenden. • Dann für die Sauce die Schalotten schälen und fein hacken. Die Kräuter waschen, trockentupfen, von den groben Stielen befreien und fein hacken. Etwa 1 Teelöffel der Kräuter beiseite legen. • Die restlichen Kräuter mit den Schalotten, dem Wein, dem Essig und der Brühe verrühren und mit Pfeffer würzen. • Den Sud in ein weites, mikrowellengeeignetes Gefäß geben und offen bei Mikrowellenleistung 600 Watt etwa 4 Minuten kochen lassen. • Den Sud dann abkühlen lassen und durch ein Sieb gießen. • Das marinierte Roastbeef gründlich trockentupfen, dann mit der Fettseite nach oben auf den Rost legen. • Den Rost mit der Fettpfanne in die mittlere Schiene des Gerätes geben. Das Roastbeef bei Mikrowellenleistung 180 Watt und Ober- und Unterhitze 220° 20–30 Minuten braten. Nach 20 Minuten ist das Roastbeef innen noch roh, nach 25 Minuten medium und nach 30 Minuten durchgebraten. • Das gebratene Roastbeef in Alufolie wickeln und etwa 10 Minuten ruhen lassen. Dadurch verteilt sich der Fleischsaft gleichmäßig. • Inzwischen für die Sauce die Butter in ein hohes, feuerfestes Gefäß geben und bei Mikrowellenleistung 600 Watt in etwa 1½ Minuten schmelzen lassen. • Die Eigelbe in ein anderes hohes, ebenfalls feuerfestes Gefäß geben und gründlich mit dem Kräutersud verrühren. • Die Butter leicht abkühlen lassen, dann eßlöffelweise unter die Eigelbmischung rühren. Die Masse sehr schaumig schlagen. • Die Sauce bei Mikrowellenleistung 600 Watt in etwa 1 Minute offen dickflüssig einkochen lassen. • Die Sauce noch einmal gut durchrühren, dann die beiseite gelegten Kräuter untermischen und die Sauce mit Salz und Cayennepfeffer abschmecken. • Das Roastbeef in Scheiben schneiden und mit der Sauce servieren.

Rinderbraten in Rotweinsauce

Für die Sauce eignet sich ein Cabernet besonders gut

Zutaten für 3 Personen:
600 g Rinderbraten · Salz
schwarzer Pfeffer · 2–3 Eßl. Öl
50 g Frühstücksspeck in dünnen Scheiben · 1 kleine rote Zwiebel
1 Knoblauchzehe · 50 g Möhren · 50 g Knollensellerie
1 Bund Petersilie · 100 ccm Wasser · 150 ccm trockener Rotwein

Klassisches Gericht

Pro Person 2500 kJ/600 kcal
Vorbereitungszeit: 15 Minuten

	Einstellung	Garzeit/ Minuten
Mikrowellen mit Ober- und Unterhitze	360 Watt 200°	25–35
oder		
Mikrowellen mit Umluft	360 Watt 180°	
Nur Mikrowellen	600 Watt	2– 3
Gesamtgarzeit		27–38

Den Braten kalt abspülen, trockentupfen und mit Salz und Pfeffer würzen. • Eine feuerfeste Form mit 1 Eßlöffel Öl ausstreichen, den Braten hineinlegen, mit dem restlichen Öl bepinseln und mit dem Speck belegen. • Den Braten mit dem Rost in die untere Schiene des Gerätes geben und bei Mikrowellenleistung 360 Watt und Ober- und Unterhitze 200° offen 25–35 Minuten braten, bis er gebräunt ist. • Inzwischen die Zwiebel und den Knoblauch grob hacken. Die Möhren und den Sellerie schälen und kleinschneiden. Die Petersilie waschen und fein hacken. • Das Gemüse, die Zwiebel und den Knoblauch nach 15 Minuten Garzeit zum Braten geben. • Nach weiteren 5 Minuten die Petersilie, das Wasser und die Hälfte des Rotweins hinzufügen. Den Speck entfernen. • Den gegarten Braten aus dem Gerät nehmen und mit Alufolie abdecken. • Den Bratfond durch ein Sieb in ein feuerfestes Gefäß gießen. • Den restlichen Rotwein unterrühren und alles bei Mikrowellenleistung 600 Watt 2–3 Minuten kochen. Die Sauce mit Salz und Pfeffer abschmecken und zum Braten servieren.

Filet Wellington

Mit feinem Gemüse ein festliches Gästeessen

Zutaten für 6 Personen:
300 g tiefgefrorener Blätterteig
1 kg Rinderfilet · 2 Eßl. Distelöl
150 g durchwachsener Speck
1 Bund Frühlingszwiebeln
300 g Champignons
20 g Butter · 1 Bund Petersilie
1 Knoblauchzehe · Salz · frisch gemahlener schwarzer Pfeffer
1 Ei · etwas Milch

Etwas teurer
Klassisches Gericht

Pro Person 2700 kJ/640 kcal
Vorbereitungszeit: 50 Minuten

	Einstellung	Garzeit/ Minuten
Nur Mikrowellen	600 Watt	10
Mikrowellen mit Ober- und Unterhitze	360 Watt 200°	25
oder		
Mikrowellen mit Umluft	360 Watt 180°	
Gesamtgarzeit		35

Den Blätterteig nach Packungsaufschrift auftauen lassen. • Inzwischen das Rinderfilet kalt abspülen, trockentupfen und gegebenenfalls von den Fetträndern befreien. • Eine Pfanne auf der Kochstelle sehr heiß werden lassen. Das Öl hineingießen und das Filet darin in etwa 10 Minuten rundherum kräftig anbraten. • Das Fleisch in Alufolie wickeln und ruhen lassen. • Den Speck würfeln. Die Frühlingszwiebeln putzen, waschen und in feine Ringe schneiden. • Den Speck und die Zwiebelringe in eine mikrowellengeeignete Schüssel geben und zugedeckt bei Mikrowellenleistung 600 Watt etwa 5 Minuten dünsten. • Die Champignons putzen, waschen und in dünne Scheiben schneiden. • Die Pilze mit der Butter in ein mikrowellengeeignetes Gefäß geben und offen bei Mikrowellenleistung 600 Watt etwa 5 Minuten dünsten. • Die Petersilie waschen, trockentupfen und ohne die groben Stiele fein hacken. Die Knoblauchzehe schälen und sehr klein würfeln. • Das Fleisch aus der Folie nehmen und mit Salz und Pfeffer würzen. • Die Speckmischung mit den Pilzen, der Petersilie und dem Knoblauch verrühren und mit Salz und Pfeffer abschmecken. • Das Ei trennen. • Den Blätterteig auf der Arbeitsfläche zu einem Rechteck ausrollen, das so groß sein muß, daß Sie das Filet mit der Füllung darin einwickeln können. • Die Teigränder mit dem Eiweiß bestreichen, damit sie später besser zusammenkleben. Einen Teil der Füllung in die Mitte des Teiges geben, das Filet darauflegen und mit der restlichen Füllung bedecken. Den Blätterteig über dem Filet zusammenschlagen und die Ränder andrücken. Zum Entweichen des Dampfes einige Löcher in den Teig schneiden. • Die Fettpfanne kalt abspülen und das Filet mit der Nahtstelle nach unten darauf legen. Das Eigelb mit der Milch verquirlen und den Teig damit bestreichen. • Die Fettpfanne in die mittlere Schiene des Gerätes geben und das Filet bei Mikrowellenleistung 360 Watt und Ober- und Unterhitze 200° etwa 25 Minuten braten, bis der Teig schön gebräunt ist. • Das Filet vor dem Servieren noch 5 Minuten ruhen lassen. • Dazu schmecken junge Erbsen und/oder Spargel.

Mein Tip: Wenn Sie das Filet nicht in Blätterteig einhüllen möchten, können Sie das angebratene Filet auch in die mit etwas Öl ausgestrichene Fettpfanne legen, mit der Füllung bestreichen und mit den Blätterteigplatten abdecken.

Rehrücken mit Preiselbeer-Birnen

Ein edles Festessen für Gäste

Zutaten für 6 Personen:
8 Wacholderbeeren
2 Lorbeerblätter · einige Senfkörner · ¾ l trockener Rotwein (zum Beispiel Cabernet)
1,5 kg Rehrücken · 2–3 Eßl. Butterschmalz · 4 Williams-Christ-Birnen · 2 Eßl. Zucker
1 Zwiebel · 1 Bund Petersilie
Salz · frisch gemahlener schwarzer Pfeffer
etwa 10 dünne Scheiben durchwachsener Speck
3–4 Eßl. Preiselbeerkonfitüre
60 g Sahne

Etwas teurer
Klassisches Gericht

Pro Person 2800 kJ/670 kcal
Vorbereitungszeit insgesamt: 1 Stunde
Marinierzeit: 6 Stunden

	Einstellung	Garzeit/ Minuten
Nur Mikrowellen	600 Watt	5
Nur Mikrowellen	360 Watt	5
Mikrowellen mit Ober- und Unterhitze	300 Watt 200°	20
oder		
Mikrowellen mit Umluft	300 Watt 180°	
Nur Mikrowellen	600 Watt	3
Gesamtgarzeit		33

Die Wacholderbeeren zerdrücken, die Lorbeerblätter zerkleinern und beides mit den Senfkörnern in eine Schüssel geben, in der der Rehrücken Platz hat. ½ l Rotwein hinzufügen. • Den Rehrücken waschen, trockentupfen und häuten. Mit der Fleischseite nach unten in die Schüssel geben. Die nicht in der Marinade liegenden Teile einige Male damit beschöpfen. • Den Rehrücken im Kühlschrank zugedeckt etwa 6 Stunden marinieren. • Den Rehrücken dann aus der Marinade nehmen und gut trockentupfen. • Einen Bräter auf der Kochstelle heiß werden lassen, dann das Butterschmalz hineingeben. Den Rehrücken darin in etwa 10 Minuten rundherum kräftig anbraten. • Die Birnen schälen und längs halbieren. Das Kerngehäuse und den Stielansatz mit einem Teelöffel entfernen. • 6 Birnenhälften nebeneinander in eine mikrowellengeeignete Schüssel geben. Den restlichen Rotwein mit dem Zucker verrühren und darübergießen. • Die Birnen zugedeckt bei Mikrowellenleistung 600 Watt 5 Minuten ankochen, dann bei Mikrowellenleistung 360 Watt in weiteren 5 Minuten fertig garen. • Inzwischen die restliche Birne in kleine Stücke schneiden. Die Zwiebel schälen und würfeln. Die Petersilie waschen und ohne die Stiele zerkleinern. • Den angebratenen Rehrücken kräftig mit Salz und Pfeffer würzen, mit der Fleischseite nach oben auf den Rost legen und mit dem Speck belegen. • Die gewürfelte Birne, die Zwiebel, die Petersilie, die Rotweinmarinade und die Kochflüssigkeit der Birnen in die Fettpfanne geben. Den Rehrücken mit der Fettpfanne in die mittlere Schiene des Gerätes geben. • Den Rehrücken bei Mikrowellenleistung 300 Watt und Ober- und Unterhitze 200° etwa 20 Minuten braten. • Inzwischen die Birnen mit 2–3 Eßlöffeln Preiselbeerkonfitüre füllen. • Den gebratenen Rehrücken in Alufolie wickeln und etwa 10 Minuten ruhen lassen. • Den Bratfond aus der Fettpfanne durch ein Sieb in eine feuerfeste Schüssel passieren. Die Sahne und die restlichen Preiselbeeren gut unterrühren. • Die Sauce mit Salz und Pfeffer abschmecken und bei Mikrowellenleistung 600 Watt offen etwa 3 Minuten kochen lassen. • Den Rehrücken tranchieren und mit den gefüllten Rotweinbirnen und der Sauce servieren. • Dazu schmecken Spätzle.

Wildhasenkeulen mit Sahnesauce

Geübte Köche können die Keulen mit Speck spicken

Zutaten für 4 Personen:
2 Wildhasenkeulen (etwa 900 g) · Salz · frisch gemahlener schwarzer Pfeffer · 1 Teel. zerdrückte Wacholderbeeren
knapp 100 g durchwachsener Speck in dünnen Scheiben
100 g Sahne · ⅛ l trockener Rotwein · 1 Eßl. Rotweinessig
1 Eßl. Preiselbeerkonfitüre
1 Lorbeerblatt

Anspruchsvoll

Pro Person 1800 kJ/430 kcal
Vorbereitungszeit: 30 Minuten

	Ein-stellung	Garzeit/ Minuten
Mikrowellen mit Umluft	380 Watt 200°	30–35
oder		
Mikrowellen mit Ober- und Unterhitze	380 Watt 220°	
Nur Mikrowellen	600 Watt	1– 2
Gesamtgarzeit		31–37

Die Wildhasenkeulen kalt abspülen, trockentupfen und häuten. • Salz, Pfeffer und die Wacholderbeeren mischen und die Keulen damit würzen. • Die Hasenkeulen mit den Speckscheiben umwickeln und in eine große feuerfeste Form mit etwas höherem Rand legen. • Den Rost mit der Form in die mittlere Schiene des Gerätes geben. Die Hasenkeulen bei Umluft 200° und Mikrowellenleistung 380 Watt 30–35 Minuten braten. • Inzwischen die Sahne, den Rotwein, den Essig, die Preiselbeerkonfitüre und das Lorbeerblatt mischen. • Die Hasenkeulen nach etwa 15 Minuten Garzeit wenden und die Rotwein-Sahne-Mischung angießen. • Nach Ende der Bratzeit die Hasenkeulen aus dem Gerät nehmen, in Alufolie wikkeln und etwa 5 Minuten ruhen lassen. Dadurch verteilt sich der Fleischsaft gleichmäßig. • Den Bratfond durch ein Sieb in eine feuerfeste Form passieren, mit Salz und Pfeffer abschmecken und eventuell noch etwas Rotwein dazugießen. • Die Sauce bei Mikrowellenleistung 600 Watt 1–2 Minuten offen kochen lassen. • Dazu passen Spätzle.

Gebratene Lammschulter mit Kräuter-Weinsauce

Dazu schmecken Kartoffeln und grüne Bohnen

Zutaten für 4 Personen:
1,8 kg Lammschulter mit Knochen · 3 Knoblauchzehen Salz · frisch gemahlener schwarzer Pfeffer · 1 rote Zwiebel · je 1 Bund Rosmarin und Thymian · 2 Tomaten ⅛–¼ l Wasser · 200 ccm trockener Rotwein

Spezialität aus Griechenland

Pro Person 4200 kJ/1000 kcal
Vorbereitungszeit: 20 Minuten

	Einstellung	Garzeit/ Minuten
Mikrowellen mit Ober- und Unterhitze	360 Watt 200°	
oder		43–46
Mikrowellen mit Umluft	360 Watt 180°	
Nur Mikrowellen	600 Watt	1– 2
Gesamtgarzeit		44–48

Das Fleisch gründlich waschen und trockentupfen. • Die Knoblauchzehen schälen und in Stifte schneiden. • Die Lammschulter mit einem spitzen Messer in Abständen etwas einschneiden und mit dem Knoblauch spicken. Dann mit Salz und Pfeffer kräftig würzen. • Das Fleisch auf den Rost legen, mit der Fettpfanne in die untere Schiene des Gerätes geben und bei Mikrowellenleistung 360 Watt und Ober- und Unterhitze 200° 43–46 Minuten braten, bis es schön gebräunt ist. • Inzwischen die Zwiebel schälen und würfeln. Die Kräuter waschen und grob hacken. Die Tomaten waschen und kleinschneiden. • Die Lammschulter nach etwa 25 Minuten wenden und die Zwiebel, die Kräuter und die Tomaten in die Fettpfanne geben. Etwas Wasser und Wein angießen. • Nach 10 Minuten noch einmal etwas Flüssigkeit nachgießen. • Die gebratene Lammschulter in Alufolie wikkeln und beiseite stellen. • Den Bratfond in der Fettpfanne mit der restlichen Flüssigkeit lösen und durch ein Sieb in eine feuerfeste Form passieren. • Die Sauce bei Mikrowellenleistung 600 Watt 1–2 Minuten kochen, dann mit Salz und Pfeffer abschmecken.

Lammkeule mit Kräutern

Besonders gut im Frühling und im Sommer mit aromatischen Kräutern

Zutaten für 6–8 Personen:
1 Lammkeule von etwa 2,5 kg
je 1 Bund Petersilie, Basilikum, Thymian, Estragon und Rosmarin · 1 Eßl. Mintsauce (Fertigprodukt) · 4 Knoblauchzehen · 1 Eßl. Olivenöl · Salz frisch gemahlener schwarzer Pfeffer · 1 rote Zwiebel
200 ccm Wasser · ¼ l trockener Rotwein

Etwas teurer
Gut vorzubereiten

Bei 6 Personen etwa 2800 kJ/670 kcal pro Person
Vorbereitungszeit: 40 Minuten

	Einstellung	Garzeit/ Minuten
Mikrowellen mit Ober- und Unterhitze	360 Watt 180°	50
oder		
Mikrowellen mit Umluft	360 Watt 170°	50
Nur Mikrowellen	600 Watt	2
Gesamtgarzeit		52

Die Lammkeule gründlich waschen, von den fetten Teilen befreien und den Knochen mit einem scharfen Messer entfernen. Dabei darauf achten, daß die Fleischfasern so wenig wie möglich verletzt werden. Am besten bitten Sie Ihren Metzger, daß er den Knochen entfernt. Das Fleisch gut trockentupfen. • Die Kräuter waschen, von den groben Stielen befreien und fein hacken.
• Die Mintsauce in einer Schüssel mit den Kräutern mischen. Die Knoblauchzehen schälen und durch die Presse dazudrükken. Das Olivenöl unterrühren. Alles mit Salz und Pfeffer kräftig würzen. • Das Lammfleisch auf der Innenseite mit einem Teil der Kräutermischung bestreichen, dann wieder zur ursprünglichen Keulenform zusammenlegen. Die Nahtstellen mit Zahnstochern oder Küchengarn verschließen. • Den ausgelösten Knochen in die Fettpfanne geben. Die Lammkeule auf den Rost legen und mit der Fettpfanne in die untere Schiene des Gerätes geben. • Die Lammkeule bei Mikrowellenleistung 360 Watt und Ober- und Unterhitze 180° etwa 50 Minuten braten. • Inzwischen die Zwiebel schälen und in Würfel schneiden. • Die Zwiebel nach etwa 15 Minuten Bratzeit in die Fettpfanne geben. • Nach weiteren 5 Minuten das Wasser angießen.
• Nach etwa 30 Minuten Bratzeit die Lammkeule wenden und mit der restlichen Kräutermasse einreiben. Den Rotwein in die Fettpfanne gießen. • Die gebratene Lammkeule in Alufolie wickeln und etwa 5 Minuten ruhen lassen. • Den Bratfond aus der Fettpfanne eventuell mit etwas Wasser lösen, dann durch ein Sieb in eine feuerfeste Schüssel gießen.
• Die Sauce mit Salz und Pfeffer abschmecken und bei Mikrowellenleistung 600 Watt offen etwa 2 Minuten kochen lassen.
• Die Lammkeule tranchieren und mit der heißen Sauce servieren. • Dazu passen Petersilienkartoffeln und grüne Bohnen mit Speck.

Mein Tip: Noch würziger schmeckt die Lammkeule, wenn Sie sie vor dem Braten mit einem Teil der Kräuter, dem Knoblauch und dem Rotwein einreiben und etwa 12 Stunden marinieren. Die Marinade sollten Sie dann zum Aufgießen während des Bratens verwenden.
Sie können zusätzlich 100 g zerbröckelten Schafkäse mit der Kräutermasse verkneten und die Lammkeule damit füllen.

Gänsebrust mit Maronen

Sie können auch frische, vorgekochte Maronen verwenden

Zutaten für 4 Personen:
1 Gänsebrust (etwa 1 kg) · Salz
frisch gemahlener schwarzer
Pfeffer · 1 kleine Zwiebel
200 g blaue Trauben
1 Dose Maronen (Abtropf-
gewicht 185 g) · ¼ l Hühner-
brühe · 1 Zweig Beifuß
eventuell etwas Rotwein

Etwas teurer

Pro Person 4100 kJ/980 kcal
Vorbereitungszeit: 30 Minuten

	Ein-stellung	Garzeit/ Minuten
Mikrowellen mit Umluft	360 Watt 200°	20–23
oder		
Mikrowellen mit Ober- und Unterhitze	360 Watt 220°	20–23
Nur Mikrowellen	600 Watt	1– 2
Gesamtgarzeit		21–25

Das Gerät ohne Zuschaltung von Mikrowellen auf 200/220° vorheizen. • Die Gänsebrust waschen, trocknen und mit Salz und Pfeffer kräftig würzen. • Die Zwiebel schälen und würfeln. Die Trauben häuten, halbieren und entkernen. Die Maronen abtropfen lassen. • Die Gänsebrust auf den Rost legen und über der Fettpfanne in die untere Schiene des Gerätes geben. Mikrowellenleistung 360 Watt zuschalten und die Gänsebrust 20–23 Minuten braten. • Dabei nach 5 Minuten die Zwiebel in die Fettpfanne geben. • Nach weiteren 5 Minuten die Hühnerbrühe, die Trauben, die Maronen und den Beifuß hinzufügen. • Die Gänsebrust in Alufolie wickeln. • Den Bratfond lösen, in eine feuerfeste Form geben, entfetten und eventuell etwas Rotwein untermischen. • Die Sauce mit Salz und Pfeffer abschmecken und bei Mikrowellenleistung 600 Watt 1–2 Minuten kochen. • Die Gänsebrust in Scheiben schneiden.

Ente mit Pflaumen in Armagnac

Durch die kurze Garzeit bleibt die Ente schön saftig

Zutaten für 4 Personen:
100 g entsteinte Backpflaumen
etwa ½ Tasse Armagnac
½ Zimtstange
1 Ente (etwa 1,7 kg)
Salz · schwarzer Pfeffer
1 Eßl. Honig · 1 rote Zwiebel
2 Eßl. gewürfeltes Suppengrün
¼ l Hühnerbrühe
etwas Rotwein

Etwas teurer

Pro Person 2900 kJ/690 kcal
Marinierzeit: 12 Stunden
Vorbereitungszeit: 35 Minuten

	Ein-stellung	Garzeit/ Minuten
Mikrowellen mit Umluft	360 Watt 190°	35
oder		
Mikrowellen mit Ober- und Unterhitze	360 Watt 210°	35
Nur Mikrowellen	600 Watt	2– 3
Gesamtgarzeit		37–38

Die Pflaumen mit dem Armagnac und dem Zimt 12 Stunden marinieren. • Die Ente mit Salz und Pfeffer würzen. • Die Pflaumen abtropfen lassen und in den Bauch der Ente füllen. Diesen zunähen. • Den Armagnac mit dem Honig und Pfeffer verrühren und die Ente damit bestreichen. Diese mit der Brustseite nach unten auf den Rost legen und über der Fettpfanne in die untere Schiene geben. Die Ente bei Mikrowellenleistung 360 Watt und Umluft 190° etwa 35 Minuten garen, bis sie gebräunt ist. • Die Zwiebel würfeln und mit dem Suppengrün und den Innereien nach 5 Minuten in die Fettpfanne geben. • Nach 10 Minuten die Brühe angießen. • Nach 20 Minuten die Ente wenden und mit der Honigmischung bestreichen. • Die Ente in Alufolie wickeln. • Die Sauce entfetten, in eine feuerfeste Form passieren, mit etwas Rotwein, Salz und Pfeffer abschmecken und bei 600 Watt 2–3 Minuten kochen.

Gebratene Ente mit Beifuß

Durch den Beifuß wird die Ente leichter verdaulich

Zutaten für 4 Personen:
1 küchenfertige Ente von etwa 1,8 kg · Salz · frisch gemahlener schwarzer Pfeffer
3 Zweige Beifuß
1 mittelgroße Zwiebel
200 ccm helles oder dunkles Bier
150 ccm Wasser

Klassisches Gericht

Pro Person 2500 kJ/600 kcal
Vorbereitungszeit: 15 Minuten

	Ein-stellung	Garzeit/ Minuten
Mikrowellen mit Umluft	360 Watt 200°	35–45
oder		
Mikrowellen mit Ober- und Unterhitze	360 Watt 220°	35–45
Nur Mikrowellen	600 Watt	2– 3
Gesamtgarzeit		37–48

Die Ente kalt abspülen und trockentupfen. Mit Salz und Pfeffer gut würzen und die Beifußzweige in den Entenbauch legen. • Die Ente mit der Brustseite nach unten auf den Rost legen. Den Rost mit der Fettpfanne in die untere Schiene des Gerätes schieben. Die Ente bei Mikrowellenleistung 360 Watt und Umluft 200° 35–45 Minuten braten, bis sie knusprig ist. • Inzwischen die Zwiebel schälen und grob hakken. • Nach 15–25 Minuten die Ente kurz herausnehmen und das Fett aus der Fettpfanne in ein Gefäß gießen. • Die Zwiebel und das Bier in die Fettpfanne geben. Die Ente mit der Brustseite nach oben wieder auf den Rost legen, mit Bier bestreichen und weiterbraten. • Das Wasser mit ½ Teelöffel Salz verrühren. Etwa 10 Minuten vor Ende der Garzeit die Ente mit etwas Salzwasser bestreichen und das restliche Wasser in die Fettpfanne gießen. • Die Ente in Alufolie einwickeln und 5–10 Minuten ruhen lassen.
• Den Bratfond durch ein Sieb in eine feuerfeste Schüssel passieren. Nach Wunsch entfetten.
• Den Fond mit Salz und Pfeffer abschmecken und bei Mikrowellenleistung 600 Watt offen 2–3 Minuten kochen lassen.
• Die Ente tranchieren und mit der Sauce servieren.

Glasierte Putenkeule mit Früchten

Die Früchte geben dem zarten Fleisch den besonderen Geschmack

Zutaten für 4 Personen:
1 Eßl. Mangochutney aus dem Glas · 1 Eßl. Honig · etwas Chilipulver · einige Spritzer Tabascosauce · 3 Knoblauchzehen · Salz · frisch gemahlener weißer Pfeffer · Paprikapulver edelsüß · Currypulver gemahlener Ingwer · 1 Putenoberkeule von etwa 1,2 kg
1 frische Ananas · 1 kleine rote Zwiebel · 2 Nektarinen
⅛ l Hühnerbrühe · 75–100 ccm trockener Weißwein

Anspruchsvoll

Pro Person 1700 kJ/400 kcal
Vorbereitungszeit: 30 Minuten
Marinierzeit: 2 Stunden

	Einstellung	Garzeit/ Minuten
Mikrowellen mit Ober- und Unterhitze	360 Watt 180°	35
oder		
Mikrowellen mit Umluft	360 Watt 160°	
Nur Mikrowellen	600 Watt	2
Gesamtgarzeit		37

Die Mangostücke aus dem Chutney in sehr kleine Würfel schneiden, dann mit dem Honig, dem Chilipulver und der Tabascosauce verrühren. • Die Knoblauchzehen schälen und durch die Presse dazudrücken. Alles mit Salz, Pfeffer, Paprikapulver, Curry und etwas Ingwer würzen.
• Die Putenoberkeule gründlich waschen und abtrocknen. Eventuell vorhandene Sehnen und Fettränder entfernen. • Die Putenkeule ringsherum mit der Marinade bestreichen und 2 Stunden marinieren. • Inzwischen die Ananas vom Strunk befreien und schälen. Dabei sämtliche »Augen« mit einem spitzen Messer entfernen. Die Ananas vierteln und den Kern aus der Mitte herausschneiden.
• Das Fleisch in die Fettpfanne legen und in die untere Schiene des Gerätes geben. • Die Putenkeule bei Mikrowellenleistung 360 Watt und Ober- und Unterhitze 180° etwa 35 Minuten braten. • Inzwischen die Zwiebel schälen und fein hakken. Die Nektarinen ebenfalls schälen, vom Kern befreien und in kleine Würfel schneiden.
• Nach etwa 20 Minuten Bratzeit das Fleisch wenden und die Zwiebel, die Ananas und die Nektarinen in die Fettpfanne geben. • Nach weiteren 5 Minuten die Hühnerbrühe angießen. • Nach Ende der Bratzeit die Keule und die Ananasviertel aus der Fettpfanne nehmen und mit Alufolie abdecken.
• Den Bratfond mit dem Weißwein lösen und durch ein Sieb in eine feuerfeste Schüssel passieren. • Die Sauce bei Mikrowellenleistung 600 Watt etwa 2 Minuten kochen lassen, dann mit Salz, Pfeffer, Paprikapulver und Curry abschmecken. • Die Putenkeule tranchieren und mit den Ananasvierteln und der Sauce servieren. • Dazu schmecken Reis und der Weißwein, den Sie für die Sauce verwendet haben.

Mein Tip: Falls Sie das Gericht ohne Alkohol zubereiten möchten, lösen Sie den Bratfond mit Ananassaft. Zum Würzen der Sauce sollten Sie dann reichlich Pfeffer verwenden. Man kann die Sauce noch mit Mandelblättchen verfeinern.
Statt der Nektarinen können Sie auch 2 Äpfel verwenden. Dazu die Äpfel schälen, vom Kerngehäuse befreien und groß raspeln. Die Sauce dann mit 2–3 Eßlöffeln Crème fraîche verfeinern.

Putenbrust mit Trauben

Als Beilage paßt am besten körnig gegarter Reis

Zutaten für 4 Personen:
800 g Putenbrust · Salz · frisch gemahlener schwarzer Pfeffer
70 g durchwachsener Speck in dünnen Scheiben · 1 rote Zwiebel · 150 g blaue Trauben
30 g Walnußkerne · 1 Eßl. Mehl
50 g Crème fraîche · 200 ccm trockener Weißwein

Anspruchsvoll

Pro Person 2100 kJ/500 kcal
Vorbereitungszeit: 15 Minuten

	Einstellung	Garzeit/ Minuten
Mikrowellen mit Umluft	360 Watt 180°	30–35
oder		
Mikrowellen mit Ober- und Unterhitze	360 Watt 200°	30–35
Nur Mikrowellen	600 Watt	4
Gesamtgarzeit		34–39

Die Putenbrust gründlich waschen und von Fett und Sehnen befreien. Mit Salz und Pfeffer kräftig würzen. • Die Putenbrust in die Fettpfanne legen und mit den Speckscheiben bedecken. • Die Putenbrust in die untere Schiene des Gerätes geben und bei Mikrowellenleistung 360 Watt und Umluft 180° offen 30–35 Minuten braten. • Inzwischen die Zwiebel schälen und in feine Ringe schneiden. Die Trauben waschen, halbieren und entkernen. Die Walnußkerne grob hacken. • Nach etwa 15 Minuten Bratzeit die Zwiebelringe in die Fettpfanne geben. • Nach weiteren 10 Minuten die Trauben hinzufügen. • Das Mehl mit der Crème fraîche in einem feuerfesten Gefäß glattrühren. • Das gegarte Fleisch aus der Fettpfanne nehmen, in Alufolie wickeln und etwa 5 Minuten ruhen lassen. • Den Bratfond mit dem Wein lösen, dann unter die Crème fraîche rühren. Die Trauben, die Zwiebelringe und die Nüsse untermengen. • Die Sauce bei Mikrowellenleistung 600 Watt offen etwa 4 Minuten kochen lassen, dann mit Salz und Pfeffer abschmecken. • Die Putenbrust in Scheiben schneiden und mit der Sauce servieren.

Gefülltes Brathähnchen

Mit Salat ein kleines Abendessen

Zutaten für 4 Personen:
1 kleine rote Zwiebel · 150 g Champignons · 20 g Butter · 200 g Bratwurstmett · 1 Ei · Salz · frisch gemahlener schwarzer Pfeffer · 3 Zweige frischer Majoran · 1 Knoblauchzehe · 50 g Semmelbrösel · 1 Hähnchen von etwa 1 kg · Salzwasser zum Bestreichen

Spezialität aus Franken

Pro Person 2000 kJ/480 kcal
Vorbereitungszeit: 30 Minuten

	Einstellung	Garzeit/ Minuten
Nur Mikrowellen	600 Watt	3
Mikrowellen mit Ober- und Unterhitze	360 Watt 200°	40
oder		
Mikrowellen mit Umluft	360 Watt 180°	
Gesamtgarzeit		43

Die Zwiebel schälen und fein würfeln. Die Pilze putzen, waschen und in dünne Scheiben schneiden. • Die Zwiebel und die Pilze mit der Butter in einer mikrowellengeeigneten Schüssel zugedeckt bei Mikrowellenleistung 600 Watt etwa 3 Minuten dünsten. • Dann mit dem Bratwurstmett und dem Ei verrühren und mit Salz und Pfeffer würzen. Den Majoran waschen, die Blätter abzupfen und untermischen. Den Knoblauch schälen und dazudrükken. Die Semmelbrösel ebenfalls dazugeben und alles gründlich verrühren. • Das Hähnchen kalt abspülen und abtrocknen. Die Füllung in den Bauch des Hähnchens geben und die Öffnung mit Küchengarn zunähen. Das Hähnchen mit Salz und Pfeffer einreiben. • Das Hähnchen mit der Brustseite nach unten auf den Rost legen und mit der Fettpfanne in die untere Schiene des Gerätes geben. Bei Mikrowellenleistung 360 Watt und Ober- und Unterhitze 200° etwa 40 Minuten braten, bis es gleichmäßig gebräunt ist. • Nach etwa 20 Minuten das Hähnchen wenden und mit Salzwasser bestreichen. • Das Hähnchen 5 Minuten in Alufolie gewickelt ruhen lassen.

Coq au vin

Die Zutaten werden auf konventionelle Weise angebraten

Zutaten für 4 Personen:
1 Hähnchen von etwa 1 kg
Salz · frisch gemahlener schwarzer Pfeffer · 50 g Butter
4 cl Cognac · 100 g durchwachsener Speck · 150 g Schalotten
175 g Champignons
1 Bund Petersilie
⅛ l Hühnerbrühe
2 Knoblauchzehen
¼ l trockener Rotwein (möglichst Burgunder)
2 Lorbeerblätter

Spezialität aus Frankreich

Pro Person 2200 kJ/520 kcal
Vorbereitungszeit: 1 Stunde

	Einstellung	Garzeit/ Minuten
Mikrowellen mit Umluft	360 Watt 200°	25–28
oder		
Mikrowellen mit Ober- und Unterhitze	360 Watt 220°	

Das Hähnchen gründlich waschen, vom Fett befreien, gründlich trockentupfen und vierteln. Die Teile rundherum mit Salz und Pfeffer einreiben. • Eine genügend große Pfanne auf der Kochstelle erhitzen und einen Teil der Butter darin zerlassen. Die Hähnchenteile darin bei starker Hitze von beiden Seiten knusprig braun anbraten. • Den Cognac zum Flambieren in eine Schöpfkelle geben und in die Pfanne halten, damit sich der Cognac erwärmt und dadurch leichter brennt. Den Cognac über einer Kerzenflamme anzünden und die Geflügelteile damit flambieren. • Die Hähnchenteile aus der Pfanne nehmen und in eine feuerfeste Form mit Deckel geben. • Den Speck würfeln. Die Schalotten schälen. Die Champignons putzen, waschen und in dünne Scheiben schneiden. • Die Speckwürfel in der Pfanne auf der Kochstelle ausbraten. Die Schalotten dazugeben und leicht anbraten. Beide Zutaten zu den Hähnchenteilen geben. • Die restliche Butter in die Pfanne geben und die Pilze darin bei starker Hitze anbraten. Dann ebenfalls zum Hähnchen geben. • Die Petersilie waschen und ohne die groben Stiele hakken. • Den Bratfond in der Pfanne mit der Hühnerbrühe lösen. • Die Knoblauchzehen schälen und sehr fein hacken. Mit der Hühnerbrühe, der Hälfte der Petersilie, dem Rotwein und den Lorbeerblättern in die Form zum Hähnchen geben. Diese Zutaten eventuell noch mit Salz und Pfeffer würzen. • Die Form schließen und mit dem Rost in die untere Schiene des Gerätes geben. Das Hähnchen bei Mikrowellenleistung 360 Watt und Umluft 200° in 25–28 Minuten garen. • Dann die Lorbeerblätter entfernen und die Sauce noch einmal mit Salz und Pfeffer abschmecken. Eventuell noch etwas Rotwein untermischen. Die restliche Petersilie unterrühren. • Dazu schmecken körnig gegarter Reis und der Rotwein, den Sie zum Kochen verwendet haben.

Mein Tip: Wenn Sie dieses Gericht als Gästeessen einplanen, können Sie alle Zutaten anbraten und schon in die Form geben. Die Garzeit müssen Sie dann um etwa 5 Minuten verlängern, da die Zutaten inzwischen abgekühlt sind.
Sie können dieses Gericht auch mit einem trockenen Weißwein (zum Beispiel Riesling) zubereiten. Die Sauce dann vor dem Servieren mit 75 g Crème fraîche verfeinern und 1 Eßlöffel feingehackten Estragon untermischen. Die Sauce eventuell bei Mikrowellenleistung 600 Watt 1 Minute erwärmen.

Gebratenes Hähnchen

Sie können mit dem Hähnchen Zwiebelviertel garen

Zutaten für 2 Personen:
1 küchenfertiges Hähnchen von etwa 1 kg · Salz · frisch gemahlener schwarzer Pfeffer
Paprikapulver edelsüß

Klassisches Gericht
Preiswert

Pro Person 1700 kJ/400 kcal
Vorbereitungszeit: 15 Minuten

	Ein-stellung	Garzeit/ Minuten
Mikrowellen mit Umluft	360 Watt 200°	
oder		30
Mikrowellen mit Ober- und Unterhitze	360 Watt 220°	

Das Hähnchen innen und außen gründlich kalt waschen. Eventuell vorhandene Federkiele und Fetteile entfernen. • Das Hähnchen gut trockentupfen, dann innen und außen mit Salz, Pfeffer und Paprikapulver einreiben. Die Flügel und die Schenkel mit Küchengarn an den Körper binden. • Das Hähnchen mit der Brustseite nach unten auf den Rost legen und mit der Fettpfanne darunter in die untere Schiene des Gerätes geben.
• Das Hähnchen bei Mikrowellenleistung 360 Watt und Umluft 200° etwa 30 Minuten braten, bis es schön gebräunt ist. • Dabei nach 20 Minuten etwas Wasser mit Salz verrühren. Das Hähnchen wenden und mit dem Salzwasser bestreichen. • Vor dem Servieren das Küchengarn entfernen und das Hähnchen tranchieren.
• Dazu paßt gemischter Salat und eventuell Brot.

Hähnchenkeulen in Curry-Joghurt-Sauce

Statt Mango können Sie auch Ananas verwenden

Zutaten für 4 Personen:
4 Hähnchenkeulen (etwa 1 kg)
500 g Joghurt · 1 Eßl. Currypulver · 2 Eßl. Zitronensaft
3 Messerspitzen Safranpulver
Salz · Tabasco · 1 Mango

Etwas teurer

Pro Person 1300 kJ/310 kcal
Vorbereitungszeit: 15 Minuten
Marinierzeit: 1–2 Stunden

	Ein-stellung	Garzeit/ Minuten
Mikrowellen mit Umluft	360 Watt 200°	
oder		30
Mikrowellen mit Ober- und Unterhitze	360 Watt 220°	
Nur Mikrowellen	600 Watt	3
Gesamtgarzeit		33

Die Hähnchenkeulen kalt waschen und eventuell von den Federkielen befreien, dann gut trocknen. • Den Joghurt mit dem Curry, dem Zitronensaft, dem Safran, Salz und wenig Tabasco in einer tiefen, feuerfesten Form gründlich verrühren. • Die Hähnchenkeulen mit der Hautseite nach unten in die Joghurtsauce legen und 1–2 Stunden zugedeckt marinieren.
• Die Keulen dann wenden, mit dem Rost in die mittlere Schiene des Gerätes geben und bei Mikrowellenleistung 360 Watt und Umluft 200° etwa 30 Minuten braten, bis sie gebräunt sind. • Inzwischen die Mango schälen und in dünne Spalten schneiden. • Die Spalten nach etwa 20 Minuten Garzeit zu den Hähnchenkeulen geben.
• Die gegarten Keulen aus der Sauce nehmen und mit Alufolie abdecken. • Die Sauce mit einem Schneebesen kräftig durchrühren, dann bei Mikrowellenleistung 600 Watt offen etwa 3 Minuten kochen lassen.
• Die Sauce noch einmal durchrühren, dann zu den Keulen servieren.

Hähnchen mit Paprikaschoten und Peperoni

Das Gemüse können Sie mit etwas Crème fraîche verfeinern

Zutaten für 4 Personen:
2 rote Zwiebeln
300 g Tomaten · je 1 rote, grüne und gelbe Paprikaschote (etwa 500 g) · 2 milde frische Peperoni · 1–2 Knoblauchzehen
1 Dose Zuckermais (Abtropfgewicht 285 g)
1 Hähnchen von etwa 1 kg
Salz · frisch gemahlener schwarzer Pfeffer
Paprikapulver edelsüß · 1–2 Eßl.
Öl · einige Spritzer Tabasco

Spezialität aus Mexiko

Pro Person 1600 kJ/380 kcal
Vorbereitungszeit: 45 Minuten

	Ein-stellung	Garzeit/ Minuten
Mikrowellen mit Umluft	360 Watt 200°	35–38
oder		
Mikrowellen mit Ober- und Unterhitze	360 Watt 220°	

Die Zwiebeln schälen und in feine Ringe schneiden. Die Tomaten mit kochendem Wasser überbrühen, häuten und würfeln. Die Paprikaschoten und die Peperoni vierteln, vom Stielansatz und den Kernen befreien, waschen und in schmale Streifen schneiden. Den Knoblauch schälen und durch die Presse drücken. Den Mais abtropfen lassen, dann mit den vorbereiteten Zutaten in einer ausreichend großen, feuerfesten Form gründlich mischen. • Das Hähnchen innen und außen waschen, trockentupfen und mit Salz, Pfeffer und Paprikapulver würzen. Das Hähnchen mit der Brustseite nach unten auf das Gemüse legen und mit dem Öl beträufeln. Das Gemüse mit dem Tabasco würzen. • Die Form mit dem Rost in die untere Schiene des Gerätes geben, und das Hähnchen zugedeckt bei Mikrowellenleistung 360 Watt und Umluft 200° 35–38 Minuten garen, bis es schön gebräunt ist. • Das Hähnchen dabei nach etwa 15 Minuten in der Form drehen und wenden, dann offen fertig garen. • Das Hähnchen vierteln und mit dem Gemüse servieren.

Gefüllte Paprikaschoten in Tomatensauce

Schmecken auch mit Lammhack

Zutaten für 4 Personen:
2 Zwiebeln · 1 Bund Petersilie
3 Zweige frischer Majoran
500 g Rinderhackfleisch · Salz
frisch gemahlener schwarzer Pfeffer · 2 Eßl. Semmelbrösel
1 Ei · einige Spritzer Tabascosauce · 4 Paprikaschoten
25 g Butter · 500 g passierte Tomaten · 1 Prise Zucker
1 Bund Basilikum · Paprikapulver edelsüß

Gut vorzubereiten

Pro Person 1800 kJ/430 kcal
Vorbereitungszeit: 40 Minuten

	Einstellung	Garzeit/ Minuten
Nur Mikrowellen	600 Watt	3
Mikrowellen mit Ober- und Unterhitze	360 Watt 200°	30
oder		
Mikrowellen mit Umluft	360 Watt 180°	
Gesamtgarzeit		33

Eine Zwiebel schälen und fein hacken. Die Petersilie und den Majoran waschen und fein zerkleinern. • Das Hackfleisch mit der Zwiebel, den Kräutern, Salz, Pfeffer, den Semmelbröseln, dem Ei und der Tabascosauce gut vermengen. • Von den Paprikaschoten einen Deckel abschneiden. Die Schoten von den Kernen, die Deckel von den Stielansätzen befreien, dann gründlich waschen. • Die Hackmasse in die Schoten füllen und die Deckel wieder aufsetzen. • Die restliche Zwiebel schälen und fein würfeln. Mit der Butter in einem mikrowellengeeigneten Gefäß zugedeckt bei Mikrowellenleistung 600 Watt etwa 3 Minuten dünsten. Dann die Tomaten, den Zucker und Salz hinzufügen. • Das Basilikum waschen und fein zerkleinern. Mit Paprikapulver und eventuell Pfeffer unter die Tomatensauce rühren. • Die Schoten mit der Sauce in eine feuerfeste Form geben und auf dem Rost in die untere Schiene des Gerätes schieben. Die Schoten zugedeckt bei Mikrowellenleistung 360 Watt und Ober- und Unterhitze 200° in etwa 30 Minuten bißfest garen.

Gefüllte überbackene Pfannkuchen

Die Pfannkuchen werden auf konventionelle Art gebacken

Zutaten für 4 Personen:
200 g Weizenvollkornmehl
2 Eier · Salz · ¼ l Milch
⅛ l kohlensäurehaltiges Mineralwasser · 4–5 Eßl. Distelöl · 1 Zwiebel · 2 Knoblauchzehen · 500 g Rinderhackfleisch · 2 Stangen Lauch
300 g Tomaten · Cayennepfeffer · Paprikapulver edelsüß
1 Bund Petersilie
100 g mittelalter Gouda

Spezialität aus Südamerika

Pro Person 3400 kJ/810 kcal
Vorbereitungszeit: 45 Minuten
Quellzeit: 30 Minuten

	Einstellung	Garzeit/ Minuten
Mikrowellen mit Grill	360 Watt starke Stufe	10–15

Das Mehl mit den Eiern, Salz und der Milch in einer Schüssel gründlich verrühren. Nach und nach das Mineralwasser hinzufügen, bis ein dickflüssiger Teig entstanden ist. Den Teig zugedeckt etwa 30 Minuten quellen lassen. • Eine Pfanne auf der Kochstelle sehr heiß werden lassen und den Pfannenboden mit Distelöl bedekken. • Eine Schöpfkelle Teig in die Pfanne gießen, darin verteilen und bei mittlerer Hitze einen Pfannkuchen daraus backen. Nacheinander die restlichen Pfannkuchen backen, bis der Teig aufgebraucht ist. • Die gebackenen Pfannkuchen jeweils auf Küchenpapier legen und abfetten lassen. Dann auf einem Teller beiseite stellen. • Die Zwiebel und die Knoblauchzehen schälen und in sehr kleine Würfel schneiden. • Das restliche Distelöl in der Pfanne erhitzen und die Zwiebel und den Knoblauch darin glasig braten. Das Hackfleisch dazugeben und unter Rühren anbraten. Die Pfanne vom Herd nehmen. • Den Lauch putzen, waschen und in feine Ringe schneiden. Die Tomaten mit kochendem Wasser überbrühen, schälen und klein würfeln. Dabei die Kerne entfernen. • Den Lauch und die Tomaten unter die Hackfleischmasse mischen und alles mit Salz, Cayennepfeffer und Paprikapulver pikant würzen. • Die Petersilie waschen, von den groben Stielen befreien und fein hacken. Dann unter die Füllung mischen. • Die Pfannkuchen auf einem Küchenbrett ausbreiten und gleichmäßig mit Hackfleisch-Gemüse-Mischung bestreichen. Die Pfannkuchen zusammenrollen und nebeneinander in eine längliche, feuerfeste Form geben. • Den Käse fein reiben und über die Pfannkuchen streuen. • Die Auflaufform auf dem Rost in die mittlere Schiene des Gerätes geben. • Die Pfannkuchen bei Mikrowellenleistung 360 Watt und starker Grillstufe 10–15 Minuten gratinieren, bis der Käse leicht gebräunt ist. • Dazu schmeckt gemischter Salat.

Mein Tip: Je nach Geschmack können Sie die gratinierten Pfannkuchen vor dem Servieren zusätzlich mit rohen Zwiebelwürfeln bestreuen.
Oder Sie bereiten eine Schinkenfüllung zu. Dazu 1 gehackte Zwiebel mit 20 g Butter bei Mikrowellenleistung 600 Watt 3 Minuten zugedeckt dünsten. 2 Knoblauchzehen dazupressen. 300 g gekochten Schinken in Streifen schneiden. Alles mit dem Gemüse vermengen, abschmecken und die Pfannkuchen damit füllen.

Aufläufe, Gratins und Beilagen

Ideal geeignet für das Garen im Kombinationsgerät sind Aufläufe und Gratins. Sie lassen sich gut vorbereiten und sind deshalb für die Bewirtung von Gästen besonders beliebt. Manche Zutaten wie Reis und Nudeln sollten Sie allerdings wie gewohnt auf dem Herd garen.

Bei der Zubereitung von Aufläufen sind Ihrer Fantasie keine Grenzen gesetzt. Tauschen Sie die Zutaten einfach je nach Jahreszeit und Geschmack aus. Die Saucen lassen sich gut auch für andere Gerichte verwenden. Die Käsesauce von Seite 90 beispielsweise paßt zu vielen anderen Gemüsearten. Abgebildet sehen Sie auf dieser Seite Überbackene Ratatouille, Rezept Seite 94.

Überbackener Risotto

Der Reis und das Fleisch werden auf konventioneller Weise zubereitet

Zutaten für 4 Personen:
1 Zwiebel · 5 Eßl. Olivenöl
250 g Rundkornreis
450–500 ccm Fleischbrühe
600 g mageres Rindfleisch (zum Beispiel Schulter)
2 Stangen Lauch
600 g Erbsenschoten
150 g mittelalter Gouda
⅛ l Milch · 2 Eier · Salz
frisch gemahlener schwarzer Pfeffer · 1 Teel. frische Thymianblättchen

Spezialität aus Italien

Pro Person 3700 kJ/880 kcal
Vorbereitungszeit: 1 Stunde

	Einstellung	Garzeit/ Minuten
Mikrowellen mit Umluft	360 Watt 200°	20
oder		
Mikrowellen mit Ober- und Unterhitze	360 Watt 220°	20

Die Zwiebel schälen und in kleine Würfel schneiden. • Einen hohen Topf, der sich zum Garen des Reises eignet, auf der Kochstelle heiß werden lassen. • 2–3 Eßlöffel Olivenöl in den Topf geben und die Zwiebel darin glasig dünsten. Dann den Reis hinzufügen und ebenfalls unter Rühren leicht anbraten. • Die Fleischbrühe angießen und den Reis zugedeckt bei schwacher Hitze etwa 15 Minuten quellen lassen. Dabei gegebenenfalls noch etwas Brühe angießen. • Inzwischen das Fleisch kalt waschen und trockentupfen. Eventuell vorhandene Sehnen und Fettstücke entfernen. Das Fleisch dann in Würfel schneiden. • Eine Pfanne auf der Kochstelle heiß werden lassen. • Das restliche Olivenöl in die Pfanne geben und das Fleisch darin bei starker Hitze rundherum kräftig anbraten. Das Fleisch dann beiseite stellen. • Den Lauch putzen, waschen und in dünne Ringe schneiden. Die Erbsen aus den Schoten lösen. Den Gouda fein reiben. • Den Reis gründlich mit dem Fleisch und dem Gemüse vermengen. • Die Milch mit den Eiern und der Hälfte des Gouda gründlich verquirlen, dann mit Salz, Pfeffer und dem Thymian kräftig würzen. • Die Reismischung mit dem restlichen Käse vermengen und in eine feuerfeste Form geben. Die Eiermilch darübergießen. • Den Risotto mit dem Rost in die untere Schiene des Gerätes geben und offen bei Mikrowellenleistung 360 Watt und Umluft 200° etwa 20 Minuten garen, bis die Oberfläche leicht gebräunt ist. • Dazu schmeckt Salat.

Mein Tip: Sie können den Risotto auch mit Hähnchenfleisch zubereiten. Dazu 1 Möhre schälen und in Scheiben schneiden. 1 Stange Lauch putzen, waschen und in Ringe schneiden. Beides mit 20 g Butter in einer großen, mikrowellengeeigneten Form mit Deckel 3 Minuten bei Mikrowellenleistung 600 Watt offen dünsten. 1 Hähnchen von etwa 900 g kalt abspülen, dann mit 6 Eßlöffeln Wasser zum Gemüse geben. Das Hähnchen bei Mikrowellenleistung 600 Watt 10 Minuten zugedeckt garen, dann wenden und bei 420 Watt in 12 Minuten fertig garen. Das Hähnchen 5 Minuten stehenlassen. Die entstandene Hühnerbrühe mit Wasser auf 450–500 ccm auffüllen und den Reis damit garen. Das Hähnchen von Haut und Knochen befreien und in mundgerechte Stücke schneiden. Mit 300 g ausgepalten Erbsen, 2 in dünne Ringe geschnittenen Lauchstangen und dem Reis mischen. Den Risotto wie oben beschrieben fertigstellen.

Bunter Reisauflauf

Der Reis wird auf konventioneller Art zubereitet

Zutaten für 3 Personen:
150 g Langkornreis
3/8 l Wasser · Salz · 300 g Spargel
1 Prise Zucker · 400 g Lauch
150 g gegarter magerer Braten
1 Becher Joghurt (150 g)
2 Eier · frisch gemahlener
weißer Pfeffer
einige Tropfen Sojasauce
Currypulver · 150 g Mozzarella

Gut vorzubereiten

Pro Person 2000 kJ/480 kcal
Vorbereitungszeit: 40 Minuten

	Einstellung	Garzeit/ Minuten
Nur Mikrowellen	600 Watt	8–9
Mikrowellen mit Grill	360 Watt starke Stufe	15
Gesamtgarzeit		23–24

Den Reis mit 300 ccm Wasser und Salz auf der Kochstelle zugedeckt bißfest garen. • Den Spargel schälen und von den holzigen Enden befreien. • Den Spargel in eine längliche mikrowellengeeignete Schüssel mit Deckel legen. Das restliche Wasser, 1 Prise Salz und den Zucker hinzufügen und den Spargel zugedeckt bei Mikrowellenleistung 600 Watt 8–9 Minuten garen. Den Spargel zugedeckt 3 Minuten stehenlassen, dann abtropfen lassen. • Den Lauch putzen, waschen und in feine Ringe schneiden. • Den Braten in Streifen, den Spargel in mundgerechte Stücke schneiden. • Den Joghurt mit den Eiern, Salz, Pfeffer, der Sojasauce und Currypulver verrühren. • Den Mozzarella in dünne Scheiben schneiden. • Den Reis kalt abschrecken und gut abtropfen lassen. • Den Reis, das Gemüse und den Braten vermengen und in eine feuerfeste Form füllen. Die Joghurtsauce darübergießen und mit dem Mozzarella belegen. • Die offene Form mit dem Rost in die mittlere Schiene des Gerätes geben und den Auflauf bei Mikrowellenleistung 360 Watt und starker Grillstufe etwa 15 Minuten überbacken, bis der Käse geschmolzen ist.

Ravioli mit Schinken-Sahne-Sauce überbacken

Die Ravioli werden auf konventionelle Weise vorgegart

Zutaten für 3 Personen:
Salz · 250 g frische Ravioli
600 g Erbsenschoten · 200 g
gekochter Schinken · 1 kleine
rote Zwiebel · 20 g Butter
30 g Mehl · 300 ccm Milch
30 g Parmesan

Spezialität aus Italien

Pro Person 2500 kJ/600 kcal
Vorbereitungszeit: 30 Minuten

	Einstellung	Garzeit/ Minuten
Nur Mikrowellen	600 Watt	11–12
Mikrowellen mit Grill	380 Watt starke Stufe	5– 8
Gesamtgarzeit		16–20

Reichlich Wasser mit Salz in einem genügend großen Topf auf der Kochstelle zum Kochen bringen. Die Ravioli darin in 10–12 Minuten »al dente« kochen. • In der Zwischenzeit die Erbsen aus den Schoten pellen. Den Schinken in Streifen schneiden. Die Zwiebel schälen und fein hacken. • Den Schinken, die Zwiebel und die Butter in eine mikrowellengeeignete Schüssel mit Deckel geben und bei Mikrowellenleistung 600 Watt zugedeckt 4–5 Minuten dünsten, bis die Zwiebel glasig ist. • Dann das Mehl über der Schinkenmischung verteilen und unterrühren. Die Milch unter ständigem Rühren langsam dazugießen. • Alles bei Mikrowellenleistung 600 Watt offen etwa 3 Minuten kochen lassen, bis die Masse dickflüssig ist. Dann nochmals gut durchrühren. • Die Erbsen hinzufügen und alles zugedeckt bei Mikrowellenleistung 600 Watt noch einmal etwa 4 Minuten garen. • Die Ravioli in einem Sieb kalt abschrecken und abtropfen lassen, dann in eine feuerfeste Auflaufform füllen. Die Schinken-Sahne-Sauce darübergießen. • Den Parmesan reiben und darüber verteilen. • Den Rost mit der Form in die mittlere Schiene des Gerätes schieben und die Ravioli bei Mikrowellenleistung 380 Watt und starker Grillstufe 5–8 Minuten gratinieren, bis der Parmesan schön gebräunt ist. • Dazu schmeckt ein gemischter Salat.

Mein Tip: Wenn Sie keine frischen Erbsen bekommen, können Sie auch 300 g tiefgefrorene verwenden. Bei der Zugabe der gefrorenen Erbsen zur Sauce müssen Sie die Garzeit um etwa 5 Minuten verlängern und dabei einige Male umrühren. Sie können die Erbsen aber auch durch Pilze oder Zucchiniwürfel ersetzen. Statt Milch können Sie für diese Sauce auch trockenen Weißwein verwenden. Nehmen Sie dann ¼ l Weißwein und 50 g Crème fraîche.

Eine Variante für die Sauce: 1 kleine rote Zwiebel schälen und in feine Würfel schneiden. Mit 20 g Butter in einem mikrowellengeeigneten Gefäß bei Mikrowellenleistung 600 Watt zugedeckt etwa 3 Minuten dünsten. Inzwischen 300 g Zucchini waschen und würfeln. 200 g Champignons putzen, waschen und in dünne Scheiben schneiden. Beides zu der Zwiebel geben und alles bei Mikrowellenleistung 600 Watt zugedeckt weitere 6–7 Minuten dünsten. Dann 30 g Weizenvollkornmehl darüberstäuben, alles vermengen und nach und nach 300 ccm Milch einrühren. Alles gut miteinander vermengen, damit es keine Klumpen gibt. Die Sauce bei Mikrowellenleistung 600 Watt etwa 3–4 Minuten zugedeckt aufkochen lassen, bis sie dickflüssig wird. Anschließend gut durchrühren. 1 Bund Petersilie waschen und kleinschneiden. Die Sauce mit Salz und Pfeffer abschmecken und die Petersilie unterrühren.

Nudelauflauf mit Gemüse

Die Nudeln werden auf konventionelle Art gekocht

Zutaten für 6 Personen:
Salz · 250 g Nudeln
200 g Fleischwurst
1 Zucchino · 500 g Tomaten
75 g Champignons
1 Bund Frühlingszwiebeln
1 Bund Petersilie
1 Bund Basilikum
150 g mittelalter Gouda
200 g Sahne · 150 g Joghurt
2 Eier · frisch gemahlener schwarzer Pfeffer

Preiswert

Pro Person 2100 kJ//500 kcal
Vorbereitungszeit: 40 Minuten

	Einstellung	Garzeit/ Minuten
Mikrowellen mit Umluft	360 Watt 190°	25–30
oder		
Mikrowellen mit Ober- und Unterhitze	360 Watt 210°	25–30

Wasser mit Salz in einem großen Topf auf der Kochstelle zum Kochen bringen. Die Nudeln darin »al dente« garen. • Die Fleischwurst häuten und in Stifte schneiden. Den Zucchino waschen, schälen und ebenfalls in Stifte schneiden. Die Tomaten waschen und in Stücke schneiden. Die Pilze putzen, waschen und blättrig schneiden. Die Frühlingszwiebeln putzen, waschen und in dünne Ringe schneiden. Die Kräuter waschen und fein hacken. Den Gouda reiben. • Die Sahne mit dem Joghurt, den Eiern und den Kräutern verrühren und mit Salz und Pfeffer pikant abschmecken. Zwei Drittel des Gouda unterheben. • Die gegarten Nudeln abschrecken und abtropfen lassen. • Die Nudeln, das Gemüse und die Fleischwurst abwechselnd in eine große feuerfeste Form schichten. • Die Eier-Sahne-Mischung darübergießen. Den restlichen Käse darüberstreuen. • Die Form mit dem Rost in die untere Schiene des Gerätes schieben und den Nudelauflauf bei Mikrowellenleistung 360 Watt und Umluft 190° 25–30 Minuten backen, bis der Käse gebräunt ist.

Cannelloni mit Spinatfüllung

Als Vorspeise ist die Menge für 8 Personen ausreichend

Zutaten für 4 Personen:
1 kg Spinat · 1 rote Zwiebel
40 g Butter · 1 Stange Lauch
1 Bund Basilikum · 500 g
passierte Tomaten · Salz
Paprikapulver edelsüß · 2 Knoblauchzehen · frisch gemahlener
schwarzer Pfeffer · frisch
geriebene Muskatnuß · 150 g
Emmentaler · 16 Cannelloni
(ohne Vorkochen verwendbar)

Vegetarisch

Pro Person 1800 kJ/430 kcal
Vorbereitungszeit: 45 Minuten

	Einstellung	Garzeit/ Minuten
Nur Mikrowellen	600 Watt	11
Mikrowellen mit Ober- und Unterhitze	360 Watt 200°	25–30
oder		
Mikrowellen mit Umluft	360 Watt 180°	25–30
Gesamtgarzeit		36–41

Den Spinat verlesen, waschen und abtropfen lassen. • Dann zugedeckt bei Mikrowellenleistung 600 Watt 5 Minuten dünsten. • Die Zwiebel schälen und klein würfeln, dann mit der Hälfte der Butter bei Mikrowellenleistung 600 Watt 3 Minuten zugedeckt dünsten. • Den Lauch putzen, waschen und in Ringe schneiden. Mit der restlichen Butter bei Mikrowellenleistung zugedeckt 3 Minuten dünsten. • Das Basilikum waschen und klein zupfen. • Den Lauch mit den Tomaten mischen, mit Salz, Paprika und dem Basilikum würzen und in eine große Auflaufform füllen. • Den Knoblauch schälen und in den abgetropften Spinat pressen. Mit der Zwiebel, Salz, Pfeffer und Muskat abschmecken. • Den Käse reiben und die Hälfte davon unter den Spinat mischen. • Die Nudelrollen mit dem Spinat füllen und in die Tomatensauce legen. Den restlichen Käse darüberstreuen. • Die Cannelloni mit dem Rost in die untere Schiene des Gerätes geben und bei Mikrowellenleistung 360 Watt und Ober- und Unterhitze 200° 25–30 Minuten backen, bis der Käse gebräunt ist.

Lasagne mit Hackfleisch und Tomatensauce

Schmeckt auch mit Lammhack

Zutaten für 6 Personen:
2 Eßl. Öl · 500 g Rinderhackfleisch · 1 Zwiebel
1 Knoblauchzehe
500 g passierte Tomaten
Salz · frisch gemahlener schwarzer Pfeffer
Paprikapulver edelsüß
1 Teel. getrockneter Oregano
50 g Mehl · 50 g Butter
400 ccm Milch
200 ccm trockener Weißwein
frisch gemahlener weißer Pfeffer · 50 g junger Gouda
30 g Parmesan · 150 g Joghurt
300 g Lasagneblätter (ohne Vorkochen verwendbar)

Spezialität aus Italien

Pro Person 2600 kJ/620 kcal
Vorbereitungszeit: 1 Stunde

	Einstellung	Garzeit/ Minuten
Nur Mikrowellen	600 Watt	9–12
Mikrowellen mit Umluft	360 Watt 200°	22–25
oder		
Mikrowellen mit Ober- und Unterhitze	360 Watt 220°	22–25
Gesamtgarzeit		31–37

Eine Pfanne auf der Kochstelle heiß werden lassen, dann das Öl hineingießen. • Das Hackfleisch darin unter Rühren kräftig anbraten. • Die Zwiebel schälen und fein würfeln. Zum Hackfleisch geben und kurz mitbraten. • Die Knoblauchzehe schälen und durch die Presse dazudrücken. • Dann die passierten Tomaten untermischen und alles mit Salz, schwarzem Pfeffer, Paprikapulver und Oregano würzen. • Das Mehl und die Butter in eine hohe mikrowellengeeignete Schüssel geben und bei Mikrowellenleistung 600 Watt in 1–2 Minuten schmelzen. • Die Masse gründlich durchrühren, dann nach und nach die Milch und den Wein untermischen. Die Sauce bei Mikrowellenleistung 600 Watt offen in 8–10 Minuten dickflüssig werden lassen. Dabei einmal durchrühren. • Die weiße Sauce mit Salz und weißem Pfeffer abschmecken. • Den Gouda und den Parmesan fein reiben und mit dem Joghurt verrühren. • Eine genügend große Auflaufform mit einer Schöpfkelle weißer Sauce ausgießen. Etwas Hackfleischmasse darüber füllen. Einige Lasagneblätter darauf verteilen, so daß die Hackmasse ganz davon bedeckt ist. Falls die Auflaufform größer ist als die Nudelblätter, die Lasagneblätter durchbrechen und die Ränder damit auslegen. Dann wieder eine Schicht weiße Sauce, Hackfleischmasse und Nudelblätter in die Form geben. Die letzte Schicht sollte aus Nudeln bestehen. Die Joghurtmasse gleichmäßig auf der Lasagne verstreichen. Die Nudeln sollten davon bedeckt sein. • Die Form mit dem Rost in die untere Schiene des Gerätes geben und die Lasagne offen bei Mikrowellenleistung 360 Watt und Umluft 200° 22–25 Minuten backen. Die Käseschicht sollte dann leicht gebräunt und die Flüssigkeit von den Nudelblättern aufgesogen sein. • Dazu passen ein gemischter Salat und ein leichter Rotwein oder auch der Weißwein, mit dem Sie die Sauce zubereitet haben.

Mein Tip: Sie können das Hackfleisch auf 375 g reduzieren und 300 g Erbsen hinzufügen.

Gefüllte Kartoffeln

Schmeckt mit neuen Kartoffeln besonders gut

Zutaten für 4 Personen:
6 große Kartoffeln von je etwa 330 g · 6 Eßl. Wasser
150 g gekochter Schinken
100 g Roquefort · Salz · frisch gemahlener schwarzer Pfeffer
1 Bund Schnittlauch

Preiswert

Pro Person 2200 kJ/520 kcal
Vorbereitungszeit: 20 Minuten

	Einstellung	Garzeit/ Minuten
Nur Mikrowellen	600 Watt	8
Nur Mikrowellen	480 Watt	6
Mikrowellen mit Grill	360 Watt starke Stufe	8–10
Gesamtgarzeit		22–24

Die Kartoffeln waschen und mit dem Wasser in eine mikrowellengeeignete Form mit Deckel geben. • Die Kartoffeln zugedeckt bei Mikrowellenleistung 600 Watt 8 Minuten vor- und anschließend bei 480 Watt in etwa 6 Minuten fertig garen. • Die Kartoffeln zugedeckt 10 Minuten stehenlassen. • Inzwischen den Schinken in schmale Streifen schneiden und mit dem Roquefort verkneten. • Die Kartoffeln schälen, waagerecht halbieren und mit einem Löffel vorsichtig aushöhlen. • Das Ausgehöhlte mit der Käse-Schinkenmasse gut verkneten. • Die Füllung mit Salz und Pfeffer würzen und in die ausgehöhlten Kartoffeln geben. • Die Kartoffelhälften nebeneinander in die Fettpfanne legen und in die mittlere Schiene des Gerätes geben. Die Kartoffeln bei Mikrowellenleistung 360 Watt und starker Grillstufe 8–10 Minuten gratinieren, bis die Oberfläche leicht gebräunt ist. • Inzwischen den Schnittlauch waschen, trockentupfen und in feine Röllchen schneiden. • Die Kartoffeln mit dem Schnittlauch bestreut servieren. • Dazu schmeckt Salat.

Zucchini mit Kartoffelfüllung

Beilage zu Fleisch oder vegetarisches Hauptgericht für 2 Personen

Zutaten für 4 Personen:
350 g Kartoffeln · 6 Eßl. Wasser
Salz · 2 Zucchini · 1 Schalotte
1 Eßl. Olivenöl · 1 Knoblauchzehe · 1 kleine Fleischtomate
schwarzer Pfeffer
1–2 Eßl. gehacktes Basilikum
2 Eigelb · 30 g Butter
1–2 Eßl. Milch · Muskatnuß

Gut vorzubereiten

Pro Person 920 kJ/220 kcal
Vorbereitungszeit: 30 Minuten

	Einstellung	Garzeit/ Minuten
Nur Mikrowellen	600 Watt	5
Nur Mikrowellen	360 Watt	3
Nur Mikrowellen	600 Watt	4– 5
Mikrowellen mit Grill	360 Watt mittlere Stufe	10–12
Gesamtgarzeit		22–25

Die Kartoffeln schälen, in Stücke schneiden, mit dem Wasser und Salz in einem mikrowellengeeigneten Gefäß zugedeckt bei Mikrowellenleistung 600 Watt 5 Minuten vor- und bei 360 Watt in etwa 3 Minuten fertig garen. • Die Zucchini waschen, längs halbieren und aushöhlen. • Die Schalotte würfeln und mit dem Öl bei Mikrowellenleistung 600 Watt 1–2 Minuten dünsten. Den Knoblauch dazupressen. • Das ausgehöhlte Zucchinifleisch und die gehäutete Tomate würfeln. Mit der Schalotte mischen und offen bei Mikrowellenleistung 600 Watt etwa 3 Minuten dünsten. • Mit Salz, Pfeffer und dem Basilikum würzen und in die Zucchinihälften füllen. • Die Zucchini in eine feuerfeste Form geben. • Die Kartoffeln zerdrücken und mit den Eigelben, der Butter und der Milch verrühren. Mit Muskat würzen und auf die Zucchini geben. • Die Zucchini mit dem Rost in die mittlere Schiene geben und bei Mikrowellenleistung 360 Watt und mittlerer Grillstufe 10–12 Minuten gratinieren.

Kartoffelgratin

Eine köstliche Beilage zu kurzgebratenem Fleisch

Zutaten für 4 Personen:
1 Knoblauchzehe
1 Teel. Butter · 600 g mehligkochende Kartoffeln
1 weiße Zwiebel
1 Bund Petersilie · 150 g Sahne
Salz · frisch gemahlener schwarzer Pfeffer
frisch geriebene Muskatnuß
125 g mittelalter Gouda

Klassisches Gericht

Pro Person 1500 kJ/360 kcal
Vorbereitungszeit: 30 Minuten

	Einstellung	Garzeit/ Minuten
Mikrowellen mit Ober- und Unterhitze	360 Watt 200°	20
oder		
Mikrowellen mit Umluft	360 Watt 180°	20

Die Knoblauchzehe schälen und halbieren. Eine flache, feuerfeste Form damit ausreiben. Die Form dann mit der Butter ausstreichen. • Die Kartoffeln schälen, waschen und in sehr dünne Scheiben schneiden. Die Zwiebel schälen und in feine Ringe schneiden. • Die Kartoffeln und die Zwiebel abwechselnd dachziegelartig in die Form schichten. • Die Petersilie waschen, trockenschwenken und kleinschneiden. • Die Sahne mit einem Teil der Petersilie, Salz, Pfeffer und Muskat verrühren. • Den Käse fein reiben. Zwei Drittel davon unter die Sahne mischen. Die Käsesahne über die Kartoffeln gießen, den restlichen Käse darüberstreuen. • Den Kartoffelgratin mit dem Rost in die mittlere Schiene des Gerätes geben und bei Mikrowellenleistung 360 Watt und Ober- und Unterhitze 200° etwa 20 Minuten gratinieren. Der Käse sollte dann leicht gebräunt und die Kartoffeln weich sein. • Den Gratin mit der restlichen Petersilie bestreut servieren.

Mein Tip: Statt der Zwiebel können Sie auch Lauch verwenden. Dazu 2 Stangen Lauch putzen, waschen und in dünne Ringe schneiden, dann mit den Kartoffeln einschichten.

Spargel mit Käsesauce überbacken

Schmeckt als Beilage oder als Hauptgericht für 2 Personen

Zutaten für 4 Personen:
1 kg Spargel · ⅛ l Wasser · Salz
1 Teel. Zucker · 50 g Butter
1 Eßl. Estragonessig · 1 Zwiebel
30 g Weizenvollkornmehl
⅛ l trockener Weißwein
⅛ l Milch · frisch gemahlener weißer Pfeffer · frisch geriebene Muskatnuß · 2 Eigelb
75 g geriebener Emmentaler

Vegetarisch
Gut vorzubereiten

Pro Person 1200 kJ/290 kcal
Vorbereitungszeit: 30 Minuten

	Einstellung	Garzeit/ Minuten
Nur Mikrowellen	600 Watt	10
Nur Mikrowellen	360 Watt	7
Nur Mikrowellen	600 Watt	5–6
Mikrowellen mit Ober- und Unterhitze	360 Watt 200°	15
oder		
Mikrowellen mit Umluft	360 Watt 180°	15
Gesamtgarzeit		37–38

Den Spargel von der Spitze bis zum Anschnitt gründlich schälen, dann von den holzigen Enden befreien und waschen. • Das Wasser mit 1 Teelöffel Salz, dem Zucker, 20 g Butter und dem Essig in einer länglichen, mikrowellengeeigneten Form mit Deckel gründlich verrühren. • Den Spargel hinzufügen und zugedeckt bei Mikrowellenleistung 600 Watt etwa 10 Minuten garen. • Den Spargel dann wenden und die äußeren Stangen nach innen legen. Den Spargel weitere 7 Minuten bei Mikrowellenleistung 360 Watt zugedeckt garen. Den Spargel dann zugedeckt stehenlassen. • Für die Sauce die Zwiebel schälen und in feine Würfel schneiden. • Die Zwiebel mit der restlichen Butter in einem mikrowellengeeigneten hohen Gefäß bei Mikrowellenleistung 600 Watt offen etwa 3 Minuten dünsten. • Dann das Mehl hinzufügen und gründlich unterrühren, damit keine Klumpen entstehen. Den Wein und die Milch unter ständigem Rühren langsam dazugießen. Die Sauce mit Salz, Pfeffer und Muskat abschmecken. • Die Sauce bei Mikrowellenleistung 600 Watt offen in 2–3 Minuten dicklich einkochen lassen, dabei einmal umrühren. • Die Eigelbe unter die Sauce rühren und den Käse untermengen. • Den Spargel mit einem Schaumlöffel aus dem Sud heben, gründlich abtropfen lassen und in eine längliche, feuerfeste Auflaufform geben. Die Käsesauce gleichmäßig über dem Spargel verteilen. • Den Spargel mit dem Rost in die mittlere Schiene des Gerätes geben. Bei Mikrowellenleistung 360 Watt und Ober- und Unterhitze 200° etwa 15 Minuten überbacken, bis die Käsesauce leicht gebräunt ist. • Der überbackene Spargel schmeckt zu Pellkartoffeln und Schinken.

Mein Tip: Wenn Sie die Käsesauce ohne Wein zubereiten möchten, messen Sie die entsprechende Menge vom Spargelsud ab und geben Sie ihn mit der Milch an die Sauce.
Dieses Gericht läßt sich sehr gut vorbereiten. Den Spargel und die Sauce können Sie wie im Rezept angegeben zubereiten und zugedeckt beiseite stellen. Vor dem Überbacken den Spargel und die Sauce in die Form füllen und alles etwa 5 Minuten länger überbacken, damit die Zutaten sich wieder gut erwärmen.

Schwarzwurzelauflauf mit Schinken

Schmeckt auch mit Spargel

Zutaten für 3 Personen:
1⅛ l Wasser · 4–5 Eßl. Essig
1 kg Schwarzwurzeln · Salz
½ Teel. Zucker
2 kleine Stangen Lauch
125 g gekochter Schinken
40 g Butter · 40 g Weizenvollkornmehl · ⅛ l Milch · schwarzer Pfeffer · geriebene Muskatnuß
100 g geriebener Gouda

Preiswert

Pro Person 1800 kJ/430 kcal
Vorbereitungszeit: 30 Minuten

	Einstellung	Garzeit/ Minuten
Nur Mikrowellen	600 Watt	10
Nur Mikrowellen	360 Watt	5
Nur Mikrowellen	600 Watt	3½
Mikrowellen mit Umluft	360 Watt 200°	15–18
oder		
Mikrowellen mit Ober- und Unterhitze	360 Watt 220°	15–18
Gesamtgarzeit		33½–36½

Etwa 1 l Wasser mit 4 Eßlöffeln Essig mischen. Die Schwarzwurzeln waschen, schälen und in das Essigwasser legen. • Das restliche Wasser mit ½ Teelöffel Salz, dem Zucker und dem restlichen Essig mischen. • Die Schwarzwurzeln in 2 cm lange Stücke schneiden, in den Sud geben und zugedeckt bei Mikrowellenleistung 600 Watt 10 Minuten kochen. • Das Gemüse weitere 5 Minuten bei Mikrowellenleistung 360 Watt garen. • Den Lauch putzen, waschen und in Ringe schneiden. Den Schinken würfeln. • Die Butter mit dem Mehl in einer Schüssel bei Mikrowellenleistung 600 Watt in 1½ Minuten schmelzen lassen. • Die Milch und den Gemüsesud unterrühren und bei Mikrowellenleistung 600 Watt in etwa 2 Minuten einkochen lassen. Die Sauce mit Salz, Pfeffer, Muskat und dem Käse abschmecken. • Die Schwarzwurzeln, den Schinken und den Lauch in eine feuerfeste Form schichten und mit der Käsesauce bedecken. • Den Auflauf in die mittlere Schiene geben und bei Mikrowellenleistung 360 Watt und Umluft 200° 15–18 Minuten überbacken.

Blumenkohl-Tomaten-Auflauf

Statt Blumenkohl können Sie auch Broccoli verwenden

Zutaten für 4 Personen:
1 Kopf Blumenkohl
6 Eßl. Wasser · 300 g Tomaten
1 kleine rote Zwiebel · 30 g Butter · 30 g Weizenvollkornmehl
175 ccm Milch · 1 Bund Basilikum · Saft von ½ Zitrone
Salz · schwarzer Pfeffer
geriebene Muskatnuß
200 g gekochter Schinken
150 g Leerdamer Käse

Preiswert

Pro Person 1700 kJ/400 kcal
Vorbereitungszeit: 40 Minuten

	Einstellung	Garzeit/ Minuten
Nur Mikrowellen	600 Watt	14
Mikrowellen mit Umluft	360 Watt 200°	20
oder		
Mikrowellen mit Ober- und Unterhitze	360 Watt 220°	20
Gesamtgarzeit		34

Den Blumenkohl in Röschen teilen und waschen. Dann mit dem Wasser in einem mikrowellengeeigneten Gefäß zugedeckt bei Mikrowellenleistung 600 Watt etwa 10 Minuten garen. • Die Tomaten häuten, entkernen und würfeln. Die Zwiebel ebenfalls würfeln. • Die Zwiebel mit der Butter und dem Mehl zugedeckt bei Mikrowellenleistung 600 Watt etwa 2 Minuten dünsten. • Die Milch gründlich unterrühren und alles weitere 2 Minuten bei Mikrowellenleistung 600 Watt kochen lassen. Noch einmal gut durchrühren. • Das Basilikum waschen und fein hacken. Mit dem Zitronensaft, Salz, Pfeffer und Muskat unter die Sauce rühren. • Den Schinken in Streifen schneiden. Den Käse reiben. • Einen Teil des Käses in die Sauce rühren. • Den Blumenkohl abtropfen lassen und mit den Tomaten und dem Schinken in eine feuerfeste Form schichten. Die Sauce darübergießen und mit dem restlichen Käse bestreuen. • Den Auflauf mit dem Rost in die mittlere Schiene geben und bei Mikrowellenleistung 360 Watt und Umluft 200° etwa 20 Minuten garen, bis der Käse gebräunt ist.

Gratinierter Rosenkohl

Ideal als Beilage zu Kurzgebratenem

Zutaten für 4 Personen:
700 g Rosenkohl
6 Eßl. Wasser · 1 Zwiebel
150 g durchwachsener Speck
250 g Tomaten · Salz · frisch gemahlener schwarzer Pfeffer
100 g junger Gouda

Preiswert

Pro Person 1700 kJ/400 kcal
Vorbereitungszeit: 35 Minuten

	Einstellung	Garzeit/ Minuten
Nur Mikrowellen	600 Watt	13
Mikrowellen mit Grill	600 Watt starke Stufe	8–10
Gesamtgarzeit		21–23

Den Rosenkohl putzen, waschen und am Strunk kreuzförmig einschneiden. Dann mit dem Wasser in einer mikrowellengeeigneten Form zugedeckt bei Mikrowellenleistung 600 Watt 8 Minuten garen. Anschließend 5 Minuten zugedeckt stehenlassen. • Inzwischen die Zwiebel schälen und würfeln. Den Speck von Knorpeln befreien, dann in dünne Streifen schneiden. • Die Zwiebel und den Speck in einer ausreichend großen, feuerfesten Form offen bei Mikrowellenleistung 600 Watt etwa 5 Minuten dünsten. • Inzwischen die Tomaten mit kochendem Wasser überbrühen, häuten, entkernen und würfeln. • Den Rosenkohl abtropfen lassen und mit den Tomaten zu der Zwiebelmischung geben. Alles mit Salz und Pfeffer würzen. • Den Käse fein reiben und über den Rosenkohl streuen. • Den Rosenkohl mit dem Rost in die untere Schiene des Gerätes geben und offen bei Mikrowellenleistung 600 Watt und starker Grillstufe 8–10 Minuten gratinieren, bis der Käse leicht gebräunt ist.

Mein Tip: Als Hauptgericht reicht der Rosenkohl für 2 Personen.

Gratinierter Lauch mit Schinken

Dazu passen am besten neue Kartoffeln

Zutaten für 4 Personen:
8 Lauchstangen (etwa 1,2 kg)
8 Scheiben gekochter Schinken
5 Eßl. Wasser · 20 g Butter
30 g Weizenvollkornmehl
200 ccm Milch · 125 g Gouda
40 g Kräuterfrischkäse
Salz · schwarzer Pfeffer

Preiswert

Pro Person 1600 kJ/380 kcal
Vorbereitungszeit: 30 Minuten

	Einstellung	Garzeit/ Minuten
Nur Mikrowellen	600 Watt	9–10
Mikrowellen mit Umluft **oder** Mikrowellen mit Ober- und Unterhitze	360 Watt 190° / 360 Watt 210°	20–22
Gesamtgarzeit		29–32

Den Lauch putzen, waschen und in der Länge der Schinkenscheiben abschneiden. Den restlichen Lauch in Ringe schneiden. • Die Lauchstangen mit dem Wasser zugedeckt bei Mikrowellenleistung 600 Watt 5–6 Minuten garen. • Die Butter mit dem Mehl in einer hohen Schüssel bei Mikrowellenleistung 600 Watt in 1 Minute offen schmelzen lassen. • Mit dem Schneebesen gut durchrühren, dann die Milch untermischen. Die Sauce 3 Minuten bei Mikrowellenleistung 600 Watt kochen lassen. • Den Gouda fein reiben. Zwei Drittel davon mit dem Frischkäse unter die Sauce rühren. Mit Salz und Pfeffer abschmecken. • Die Lauchstangen mit dem Schinken umwickeln. Einen Teil der Lauchringe in eine feuerfeste Form geben. Die Lauchstangen darauf legen, mit der Sauce und dem restlichen Käse bedecken. • Den Lauch mit dem Rost in die mittlere Schiene geben und bei Mikrowellenleistung 360 Watt und Umluft 190° etwa 20 Minuten gratinieren. • Mit dem restlichen Lauch bestreut servieren.

Auberginen mit Schafkäse-Tomaten-Füllung

Statt Auberginen können Sie auch Zucchini verwenden

Zutaten für 2 Personen:
2 Auberginen (etwa 700 g)
Salz · 3 Knoblauchzehen
3–4 Eßl. kaltgepreßtes Olivenöl
200 g Schafkäse · 1 Bund
Petersilie · 4 Tomaten · frisch
gemahlener weißer Pfeffer

Vegetarisch

Pro Person 2500 kJ/600 kcal
Vorbereitungszeit: 25 Minuten

	Einstellung	Garzeit/ Minuten
Nur Mikrowellen	600 Watt	5
Mikrowellen mit Ober- und Unterhitze	360 Watt 200°	20
oder		
Mikrowellen mit Umluft	360 Watt 180°	20
Gesamtgarzeit		25

Die Auberginen waschen, von den Stielansätzen befreien und längs halbieren. Das Fruchtfleisch mit einem Teelöffel so herauslösen, daß ein etwa 1 cm breiter Rand zurückbleibt. Die Früchte salzen. • Das ausgelöste Fruchtfleisch kleinschneiden. Den Knoblauch schälen und durch die Presse drücken. • Das Auberginenfleisch mit dem Knoblauch und dem Öl in einem mikrowellengeeigneten Gefäß mischen und offen bei Mikrowellenleistung 600 Watt etwa 5 Minuten dünsten. • Den Schafkäse würfeln. Die Petersilie waschen und ohne die groben Stiele fein hakken. Die Tomaten mit kochendem Wasser überbrühen, häuten, würfeln und von den Kernen befreien. • Den Käse, die Petersilie und die Tomaten mit dem Auberginenfleisch verrühren und mit Salz und Pfeffer abschmecken. • Die Auberginenhälften trockentupfen und die Füllung gleichmäßig darauf verteilen. • Die Auberginen auf eine feuerfeste Platte legen, mit dem Rost in die untere Schiene des Gerätes geben und bei Mikrowellenleistung 360 Watt und Ober- und Unterhitze 200° etwa 20 Minuten backen.
• Dazu schmeckt gemischter Salat.

Moussaka mit Auberginen und Lammhack

Sie können auch Rinderhackfleisch verwenden

Zutaten für 4 Personen:
500 g Auberginen · Salz
4 Knoblauchzehen · 2 Zwiebeln
etwa 4 Eßl. Olivenöl · 500 g
gehacktes Lammfleisch · frisch
gemahlener schwarzer Pfeffer
einige Zweige Oregano
1 Bund Petersilie
175 g Joghurt · 30 g frisch
geriebener Parmesan

Spezialität aus Griechenland

Pro Person 3000 kJ/710 kcal
Vorbereitungszeit: 45 Minuten

	Einstellung	Garzeit/ Minuten
Nur Grill	starke Stufe	11–13
Mikrowellen mit Umluft	360 Watt 200°	20
oder		
Mikrowellen mit Ober- und Unterhitze	360 Watt 220°	
Gesamtgarzeit		31–33

Die Auberginen waschen, von den Stielansätzen befreien und in dünne Scheiben schneiden. Die Scheiben salzen und etwa 20 Minuten stehenlassen. • Inzwischen den Knoblauch und die Zwiebeln schälen. Die Zwiebeln fein hacken. • Eine Pfanne auf der Kochstelle heiß werden lassen. Etwa 1 Eßlöffel Olivenöl hineingeben. Das Lammhackfleisch hinzufügen und bei starker Hitze kräftig anbraten. Die Zwiebeln untermischen und glasig braten. • Die Pfanne vom Herd nehmen. 1 Knoblauchzehe durch die Presse in die Hackmasse drücken und alles mit Salz und Pfeffer würzen. • Die Kräuter waschen, trockenschwenken und ohne die Stiele grob hacken. Die Kräuter unter die Hackmasse mischen. • Die Auberginenscheiben mit Küchenpapier trockentupfen. • Das restliche Olivenöl in die Fettpfanne geben und die restlichen Knoblauchzehen durch die Presse dazudrücken. • Die Fettpfanne in die obere Schiene des Gerätes geben und das Knoblauchöl bei starker Grillstufe ohne Zuschaltung von Mikrowellen in etwa 3 Minuten heiß werden lassen. • Die Auberginenscheiben in das heiße Öl geben. • Die Fettpfanne wieder in die obere Schiene des Gerätes geben und die Auberginen bei starker Grillstufe 4–5 Minuten grillen, bis sie leicht gebräunt sind. Die Auberginen dann wenden und auf der zweiten Seite ebenfalls 4–5 Minuten grillen. Dabei eventuell noch etwas Öl zu den Auberginen geben. • Die Auberginenscheiben und die Hackmasse abwechselnd in eine feuerfeste Form schichten. Die letzte Schicht sollte aus Auberginen bestehen. • Den Joghurt gründlich mit dem Käse verrühren und auf die Oberfläche der Moussaka streichen. • Die Moussaka auf dem Rost in die untere Schiene des Gerätes geben und bei Mikrowellenleistung 360 Watt und Umluft 200° etwa 20 Minuten backen, bis die Käseschicht leicht gebräunt ist. • Die Moussaka heiß servieren. • Dazu schmeckt gemischter Salat mit Schafkäse und Oliven.

Mein Tip: Sie können die Moussaka (wie auf dem Foto abgebildet) zusätzlich mit Tomaten anreichern. Dazu gewaschene Tomaten in Scheiben schneiden und mit den anderen Zutaten in die Form schichten. Dabei mit Tomaten abschließen. Die Garzeit verlängert sich dann um etwa 5 Minuten. Anstelle von Auberginen können Sie auch Zucchini- oder Kartoffelscheiben verwenden. Diese jedoch nicht einsalzen, sondern gleich im Knoblauchöl grillen.

Überbackene Ratatouille

Wer möchte, kann den Käse auch weglassen

Zutaten für 6 Personen:
2 Auberginen · Salz · 3 Zucchini
4 dünne Stangen Lauch
1 Zwiebel · 3 Knoblauchzehen
500 g Tomaten · je 1 rote, grüne und gelbe Paprikaschote
3 frische milde Peperoni
8 Eßl. Olivenöl · frisch gemahlener schwarzer Pfeffer
je 1 Bund Schnittlauch, Thymian und Basilikum · 3 Zweige Estragon · 100 g junger Gouda

Spezialität aus Frankreich
Vegetarisch

Pro Person 1400 kJ/330 kcal
Vorbereitungszeit: 45 Minuten

	Einstellung	Garzeit/ Minuten
Nur Mikrowellen	600 Watt	3
Mikrowellen mit Ober- und Unterhitze	600 Watt 175°	25–30
oder		
Mikrowellen mit Umluft	600 Watt 160°	25–30
Gesamtgarzeit		28–33

Die Auberginen waschen, von den Stielansätzen befreien und in dünne Scheiben schneiden. Die Scheiben mit Salz bestreuen und etwa 20 Minuten stehenlassen. • Inzwischen die Zucchini waschen, von den Stiel- und Blütenansätzen befreien und ebenfalls in dünne Scheiben schneiden. Den Lauch putzen, waschen und in dünne Ringe schneiden. Die Zwiebel und die Knoblauchzehen schälen. Die Zwiebel ebenfalls in dünne Ringe schneiden. Die Tomaten mit kochendem Wasser überbrühen, kalt abschrecken, häuten und in Scheiben teilen. Die Paprikaschoten und die Peperoni längs halbieren, von den Stielansätzen und allen Kernen befreien und gründlich waschen. Dann in schmale Streifen schneiden. • Das Olivenöl und die Zwiebelringe in eine sehr große, feuerfeste Form mit Deckel geben. Die Knoblauchzehen durch die Knoblauchpresse dazudrücken. • Alles gut verrühren und offen bei Mikrowellenleistung 600 Watt etwa 3 Minuten dünsten. • Inzwischen die Auberginenscheiben gründlich mit Küchenpapier trockentupfen. • Die Auberginen, die Zucchini, den Lauch, die Tomaten, die Paprikaschoten und die Peperoni zu der Zwiebelmischung in die Auflaufform geben. Alles gründlich verrühren und mit Salz und Pfeffer abschmecken. • Die Form mit dem Rost in die untere Schiene des Gerätes geben. Das Gemüse zugedeckt bei Mikrowellenleistung 600 Watt und Ober- und Unterhitze 175° 25–30 Minuten garen. • Inzwischen die Kräuter waschen, trockentupfen und ohne die Stiele kleinschneiden. Den Gouda fein reiben. • Nach etwa 18 Minuten Garzeit das Gemüse gründlich durchrühren und die Kräuter untermischen. Den Käse darüber streuen und die Ratatouille ohne Deckel fertig garen. Der Käse sollte dann leicht gebräunt sein. • Dazu schmecken Baguette, ein leichter Rotwein und eventuell kurzgebratenes Fleisch.

Mein Tip: Wer möchte, kann 500 g mageres Rind- oder Lammfleisch würfeln und auf der Kochstelle in Öl kräftig anbraten. Das Fleisch unter das Gemüse mischen. Die Garzeit dann um etwa 5 Minuten verlängern.

Duveč

Der Reis wird auf konventionelle Art zubereitet

Zutaten für 6 Personen:
200 g Langkornreis · 375 ccm Wasser · 1 Knoblauchzehe Salz · frisch gemahlener schwarzer Pfeffer · Paprikapulver edelsüß · 2 Eßl. Tomatenmark · 500 g Auberginen
500 g Paprikaschoten
350 g Tomaten · 2 Zwiebeln
375 g Schweinefleisch
375 g Rind- oder Lammfleisch
80 g junger Gouda · 1–2 Eßl. kaltgepreßtes Olivenöl
1 Bund Petersilie

Spezialität aus Jugoslawien

Pro Person 2200 kJ/520 kcal
Vorbereitungszeit: 50 Minuten

	Einstellung	Garzeit/ Minuten
Mikrowellen mit Umluft	360 Watt 200°	30–35
oder		
Mikrowellen mit Ober- und Unterhitze	360 Watt 220°	30–35

Den Reis mit dem Wasser in einen Topf geben. Den Knoblauch schälen und durch die Presse dazudrücken. Den Reis mit Salz, Pfeffer, Paprikapulver und dem Tomatenmark würzen und zugedeckt auf der Kochstelle bißfest garen. • Inzwischen die Auberginen, die Paprikaschoten und die Tomaten putzen und waschen. Die Auberginen und die Tomaten in Scheiben, die Paprikaschoten in Streifen schneiden. Die Zwiebeln schälen und in Ringe teilen. Das Fleisch in etwa 1 cm breite Streifen schneiden. • Das Gemüse und das Fleisch abwechselnd in eine feuerfeste Form schichten. Dabei mit den Zwiebelringen, Salz und Pfeffer würzen. • Den gegarten Reis als letzte Schicht darauf geben. • Den Gouda fein reiben und auf dem Reis verteilen. Das Olivenöl darüber träufeln. • Den Duvec mit dem Rost in die untere Schiene des Gerätes geben und bei Mikrowellenleistung 360 Watt und Umluft 200° 30–35 Minuten garen, bis der Käse gebräunt ist. • Die Petersilie waschen und fein hacken. • Den Duvec mit der Petersilie bestreut servieren.

Herzhafte und süße Kuchen

Vor allem beim Backen lernen Sie die Vorteile Ihres Kombinationsgerätes schnell schätzen. Ob pikante Kuchen mit würzigem Käse oder Süßes mit frischen Früchten und Nüssen – es ist für jeden Geschmack etwas dabei.
Auch die oft zeitaufwendigen Vorbereitungen wie Butter schmelzen oder Milch anwärmen erledigt Ihr Gerät im Handumdrehen. Halten Sie sich immer genau an die im Rezept angegebenen Mengen, da sich andernfalls die Backzeit verändert. Im Gegensatz zum konventionellen Umluft-Backofen können Sie im Umluft-Kombinationsbetrieb nicht auf mehreren Ebenen gleichzeitig backen, weil sich die Mikrowellen dann nicht gleichmäßig im Garraum verteilen.

Lauch-Champignon-Kuchen

Gut zur Gästebewirtung geeignet

Zutaten für eine Springform aus Schwarzblech von 28 cm ∅:
Für den Teig: 250 g Weizenvollkornmehl · 125 g Butter
¼ Teel. Salz · 1 Eßl. Wasser
1 Eigelb
Für den Belag: 1 Stange Lauch
100 g gekochter Schinken
60 g Butter · 600 g Champignons · 125 g Camembert
20–30 g Weizenvollkornmehl
300 ccm Milch · je 1 Eßl. Petersilie und Thymian · Salz · 2 Eigelb
50 g Sonnenblumenkerne

Preiswert

Bei 6 Personen 2500 kJ/600 kcal pro Person
Vorbereitungszeit: 45 Minuten

	Einstellung	Garzeit/ Minuten
Nur Mikrowellen	600 Watt	13–15
Mikrowellen mit Ober- und Unterhitze	360 Watt 200°	25–30
oder		
Mikrowellen mit Umluft	360 Watt 180°	
Gesamtgarzeit		38–45

Alle Teigzutaten verkneten, in der Form verteilen und 30 Minuten kühlen. • Den Lauch waschen und in Ringe schneiden, den Schinken würfeln. Mit 20 g Butter zugedeckt bei Mikrowellenleistung 600 Watt 4 Minuten dünsten. • Die Pilze putzen, waschen und in Scheiben schneiden. Mit 20 g Butter zugedeckt bei Mikrowellenleistung 600 Watt 5–6 Minuten dünsten. • Den Käse würfeln. • Die restliche Butter mit dem Mehl offen bei Mikrowellenleistung 600 Watt in 1 Minute schmelzen. Die Milch unterrühren und bei Mikrowellenleistung 600 Watt 3–4 Minuten einkochen lassen. • Die Kräuter, Salz, die Eigelbe und den Käse unterrühren. • Die gedünsteten Zutaten auf dem Teig verteilen, mit der Sauce übergießen und mit den Sonnenblumenkernen bestreuen. • Den Kuchen mit dem Rost in die untere Schiene des Gerätes geben und bei Mikrowellenleistung 360 Watt und Ober- und Unterhitze 200° 25–30 Minuten backen.

Broccoliquiche mit Schinken

Schmeckt durch Vollkornmehl besonders herzhaft

Zutaten für 1 Springform aus Schwarzblech von 28 cm ∅:

Für den Teig:
250 g Weizenvollkornmehl
1 Ei · ½ Teel. Salz · 50 g Butter
5 Eßl. Wasser

Für den Belag:
750 g Broccoli · 200 g roher Schinken · 75 g Emmentaler
150 g Crème fraîche · 2 Eier
½ Teel. Salz · frisch gemahlener weißer Pfeffer · 1 Prise frisch geriebene Muskatnuß

Für die Form: Butter

Gut vorzubereiten

Bei 6 Personen 2265 kJ/540 kcal pro Person
Vorbereitungszeit: 45 Minuten
Ruhezeit: 1–2 Stunden

	Einstellung	Garzeit/ Minuten
Nur Mikrowellen	600 Watt	5
Mikrowellen mit Umluft	180 Watt 190°	23–28
oder		
Mikrowellen mit Ober- und Unterhitze	180 Watt 210°	
Gesamtgarzeit		28–33

Das Mehl, das Ei, das Salz, die Butter und das Wasser zu einem glatten Mürbeteig verkneten. Die Springform mit Butter ausstreichen und mit dem Teig auskleiden. Dabei einen etwa 3 cm hohen Rand formen. Den Teig in der Form zugedeckt für 1–2 Stunden in den Kühlschrank stellen. • Inzwischen den Broccoli putzen, waschen und in gleich große Röschen teilen. Das Gemüse in eine mikrowellengeeignete Schüssel mit Deckel geben. Dabei sollen die Röschen zur Mitte und die Stiele nach außen zeigen. Durch diese Anordnung bekommen die Stiele, die ja eine längere Garzeit benötigen, mehr Mikrowellenenergie als die empfindlicheren Röschen. • Den Broccoli bei Mikrowellenleistung 600 Watt 5 Minuten zugedeckt garen. Anschließend zugedeckt weitere 5 Minuten stehenlassen. • Inzwischen den Schinken gegebenenfalls vom Fettrand befreien, dann in dünne Streifen schneiden. • Den Emmentaler fein reiben. • Die Crème fraîche, die Eier, zwei Drittel des Emmentalers, das Salz, Pfeffer und den Muskat verquirlen. • Den Teigboden mit einer Gabel mehrmals einstechen. • Den abgetropften Broccoli und die Schinkenstreifen vermengen und auf den Teigboden geben. Die Eiermasse darübergießen und mit dem restlichen Emmentaler bestreuen. • Die Quiche mit dem Rost in die mittlere Schiene des Gerätes schieben und bei Mikrowellenleistung 180 Watt und Umluft 190° 23–28 Minuten backen, bis die Oberfläche schön gebräunt ist.

Mein Tip: Anstelle des frischen Broccolis können Sie auch tiefgefrorenen verwenden. Füllen Sie dazu 300 g Broccoli in eine mikrowellengeeignete Schüssel und garen ihn bei Mikrowellenleistung 600 Watt zugedeckt 8–10 Minuten. Den Broccoli dabei 1–2mal umrühren.
Statt des Schinkens können Sie 200 g Champignons putzen, waschen und in Scheiben schneiden. Mit 20 g Butter zugedeckt bei Mikrowellenleistung 600 Watt 4 Minuten dünsten. Mit 1 Bund fein geschnittenem Schnittlauch und den restlichen Zutaten mischen.

Hackfleischkuchen mit Salami

Schmeckt gut zu Bier und Wein

Zutaten für eine Springform aus Schwarzblech von 26 cm Ø:
300 g tiefgefrorener Blätterteig
1 rote Zwiebel · 50 g roher Schinken · 500 g Rinderhackfleisch · 175 g Bratwurstmett
50 g Semmelbrösel · 2 Eier · Salz
frisch gemahlener schwarzer Pfeffer · 1 Prise getrockneter Majoran · 50 g Salami in dünnen Scheiben
Für die Form: Butter oder Backtrennpapier

Gut vorzubereiten

Bei 6 Personen 2500 kJ/600 kcal pro Person
Vorbereitungszeit: 30 Minuten

	Einstellung	Garzeit/ Minuten
Nur Mikrowellen	600 Watt	4
Mikrowellen mit Ober- und Unterhitze	360 Watt 200°	
oder		25–30
Mikrowellen mit Umluft	360 Watt 180°	
Gesamtgarzeit		29–34

Den Blätterteig auftauen lassen. • Die Springform mit Butter ausstreichen oder mit Backtrennpapier auskleiden. • Die Zwiebel und den Schinken würfeln, dann bei Mikrowellenleistung 600 Watt in einem mikrowellengeeigneten Gefäß zugedeckt 4 Minuten dünsten. • Das Hackfleisch mit dem Mett und den Semmelbröseln vermengen. Die Zwiebel-Schinken-Masse und die Eier hinzufügen. Die Mischung mit Salz, Pfeffer und dem Majoran abschmecken und zu einer glatten Masse verkneten. • Den Blätterteig ausrollen und die Springform damit auskleiden. Dabei einen etwa 3 cm hohen Rand formen. Die Hackfleischmasse auf den Teig geben und glattstreichen. Die Salamischeiben dekorativ darauf verteilen. • Den Hackfleischkuchen mit dem Rost in die untere Schiene des Gerätes geben und bei Mikrowellenleistung 360 Watt und Ober- und Unterhitze 200° 25–30 Minuten backen, bis der Teig gebräunt ist. • Den Hackfleischkuchen heiß servieren. • Dazu schmeckt Tomatensalat.

Pfannkuchentorte mit pikanter Füllung

Die Pfannkuchen werden auf konventionelle Weise zubereitet

Zutaten für 4–6 Personen:
Für den Teig:
250 g Weizenvollkornmehl
Salz · 3 Eier · ¼ l Milch
¼ l kohlensäurehaltiges Mineralwasser
Für die Füllung:
2 Stangen Lauch
200 g Champignons
20 g Butter · je 1 rote und grüne Paprikaschote
500 g Tomaten
300 g gekochter Schinken
175 g junger Gouda
2 Eier · Salz
frisch gemahlener schwarzer Pfeffer
1 Bund Basilikum
Zum Braten: Distelöl

Gut vorzubereiten

Bei 4 Personen pro Person
3600 kJ/860 kcal
Vorbereitungszeit: 1 ¼ Stunden

	Ein-stellung	Garzeit/ Minuten
Nur Mikrowellen	600 Watt	5
Mikrowellen mit Umluft	360 Watt 200°	20–23
oder		
Mikrowellen mit Ober- und Unterhitze	360 Watt 220°	20–23
Gesamtgarzeit		25–28

Für den Teig das Vollkornmehl mit Salz in einer Schüssel mischen. Die Eier, die Milch und das Mineralwasser hinzufügen und alles gründlich zu einem glatten Teig verrühren. • Den Teig zugedeckt etwa 30 Minuten quellen lassen. • Inzwischen für die Füllung den Lauch putzen, waschen und in feine Ringe schneiden. Die Champignons putzen, waschen und in dünne Scheiben schneiden. • Den Lauch, die Pilze und die Butter in eine mikrowellengeeignete Schüssel geben und bei Mikrowellenleistung 600 Watt offen etwa 5 Minuten dünsten. • Die Paprikaschoten vierteln, vom Stielansatz und den Trennwänden befreien, waschen und in sehr dünne Streifen oder kleine Würfel schneiden. Die Tomaten mit kochendem Wasser überbrühen, häuten, entkernen und klein würfeln. Den Schinken in feine Streifen schneiden. Den Käse reiben. • Die Lauchmischung, die Paprikaschoten, die Tomaten, den Schinken, etwa zwei Drittel des Käses und die Eier gründlich vermischen. Die Masse kräftig mit Salz und Pfeffer würzen. • Das Basilikum waschen, trockenschwenken und kleinschneiden. Einen Teil davon zur Füllung geben, den Rest beiseite stellen. • Den Teig noch einmal gut durchrühren. • Eine große Pfanne auf der Kochstelle heiß werden lassen. Etwas Distelöl hineingeben. 1 Schöpfkelle Teig in das heiße Fett geben und einen Pfannkuchen daraus backen. Aus dem restlichen Teig ebenfalls Pfannkuchen backen. Die gebackenen Pfannkuchen jeweils auf Küchenpapier abfetten lassen. • Die Pfannkuchen und die Füllung schichtweise in eine feuerfeste Form geben. Die letzte Schicht sollte aus einem Pfannkuchen bestehen. Den restlichen Käse darüberstreuen. • Die Pfannkuchentorte mit dem Rost in die untere Schiene des Gerätes geben und bei Mikrowellenleistung 360 Watt und Umluft 200° 20–23 Minuten backen, bis die Oberfläche leicht gebräunt ist. • Die Torte mit dem restlichen Basilikum bestreut servieren.

Mein Tip: Wenn Sie gerne vegetarisch essen, können Sie den Schinken auch weglassen. Dafür 250 g Gouda und 3 Stangen Lauch verwenden. Statt Gouda eignet sich für dieses Gericht auch Mozzarella.

Spinatkuchen mit Fisch

Gut geeignet für die Gästebewirtung

Zutaten für eine Springform aus Schwarzblech von 28 cm ∅:

Für den Teig:
125 g Magerquark · 2 Eier
1 gestrichener Teel. Salz
3 Eßl. Distelöl
250 g fein gemahlenes Weizenvollkornmehl
1 gestrichener Teel. Backpulver

Für den Belag:
500 g Kabeljau- oder Dorschfilet
Saft von 1 Zitrone
1 Eßl. Sojasauce
700 g Spinat
2 Tomaten · 3 Zweige Dill · Salz
frisch gemahlener schwarzer Pfeffer · 1 Prise frisch geriebene Muskatnuß · 150 g Emmentaler

Für die Form:
Butter oder Backtrennpapier

Gut vorzubereiten

Bei 6 Personen 1700 kJ/400 kcal pro Person
Vorbereitungszeit: 50 Minuten

	Ein-stellung	Garzeit/ Minuten
Nur Mikrowellen	600 Watt	3– 4
Mikrowellen mit Umluft	360 Watt 200°	25
oder		
Mikrowellen mit Ober- und Unterhitze	360 Watt 220°	25
Gesamtgarzeit		28–29

Die Springform mit Butter ausfetten oder mit Backtrennpapier auslegen. • Den Quark mit den Eiern, dem Salz, dem Mehl und dem Backpulver zu einem glatten Teig verkneten. • Die Springform mit dem Teig auskleiden, dabei einen etwa 3 cm hohen Rand formen. Den Teig in den Kühlschrank stellen, bis der Belag vorbereitet ist. • Das Fischfilet waschen, abtrocknen und in Würfel schneiden. Den Zitronensaft mit der Sojasauce mischen und über die Fischwürfel träufeln. • Den Spinat verlesen und gründlich waschen. • Den Spinat in eine mikrowellengeeignete Schüssel mit Deckel geben und zugedeckt bei Mikrowellenleistung 600 Watt 3–4 Minuten blanchieren. Dann weitere 4 Minuten zugedeckt stehenlassen. • Die Tomaten mit kochendem Wasser überbrühen, häuten, entkernen und in kleine Würfel schneiden. Den Dill waschen, von den dicken Stielen befreien und kleinschneiden. • Den Spinat abtropfen lassen und kräftig ausdrücken, dann grob hacken. Mit den Tomaten, den Fischwürfeln und dem Dill vermengen und mit Salz, Pfeffer und dem Muskat würzen. • Den Emmentaler fein reiben. Etwa zwei Drittel davon unter die Spinatmasse mischen. • Die Füllung gleichmäßig auf dem Teig verteilen. Den restlichen Käse darüberstreuen. • Den Spinatkuchen mit dem Rost in die untere Schiene des Gerätes geben und bei Mikrowellenleistung 360 Watt und Umluft 200° etwa 25 Minuten backen. Der Käse sollte dann leicht gebräunt sein. • Den Spinatkuchen heiß servieren. • Dazu schmeckt Bier oder ein leichter Weißwein.

Mein Tip: Sie können den Fisch auch weglassen. Dafür 1 kg Spinat verwenden. Diesen 5 Minuten bei 600 Watt garen und 5 Minuten stehenlassen. 500 g Tomaten häuten, entkernen und in kleine Würfel schneiden. 250 g Mozarella ebenfalls würfeln. Den Spinat, die Tomaten und den Mozzarella mischen und kräftig mit Salz und frisch gemahlenem schwarzem Pfeffer abschmecken. 1 Bund Basilikum waschen, kleinschneiden und untermischen. Den Belag wie beschrieben auf dem Teig verteilen und backen.

Herzhafte Kuchen

Die Teige können Sie auch austauschen

Quiche lorraine

im Bild links

Zutaten für eine Springform aus Schwarzblech von 26 cm ∅:

Für den Teig:
150 g Butter · 200 g Mehl
½ Teel. Salz · 3–4 Eßl. Wasser

Für den Belag:
250 g Emmentaler · 200 g roher Schinken · 4 Eier · 200 g saure Sahne · Salz · schwarzer Pfeffer
Paprikapulver edelsüß
1 Bund Petersilie

Für die Form: Butter

Spezialität aus Frankreich

Bei 6 Personen 2900 kJ/690 kcal pro Person
Vorbereitungszeit: 30 Minuten

	Ein-stellung	Garzeit/ Minuten
Nur Mikrowellen	600 Watt	1– 2
Mikrowellen mit Ober- und Unterhitze	360 Watt 200°	23
oder		
Mikrowellen mit Umluft	360 Watt 180°	23
Gesamtgarzeit		24–25

Die Springform fetten. • Die Butter in einer Schüssel bei Mikrowellenleistung 600 Watt in 1–2 Minuten schmelzen. • Die restlichen Teigzutaten dazugeben und alles verkneten. • Den Teig in der Form verteilen, dabei einen Rand formen. Den Teig kurz kühl stellen. • Den Käse reiben. Den Schinken in Streifen schneiden. • Den Käse mit dem Schinken, den Eiern, der sauren Sahne, Salz, Pfeffer und Paprika verrühren. • Die Petersilie kleinschneiden und untermischen. • Den Belag auf dem Teig verteilen. • Die Quiche mit dem Rost in die untere Schiene geben und bei Mikrowellenleistung 360 Watt und Ober- und Unterhitze 200° etwa 23 Minuten backen, bis sie gebräunt ist.

Zwiebelkuchen

im Bild rechts

Zutaten für eine Springform aus Schwarzblech von 28 cm ∅:
300 g Weizenvollkornmehl
1 Päckchen Trockenhefe
⅛ l Milch · 80 g Butter · Salz
1 kg Zwiebeln · 200 g durchwachsener Speck · 200 g saure Sahne · 3 Eier · Kümmel
Paprikapulver edelsüß
Für die Form: Butter

Preiswert

Bei 6 Personen 2600 kJ/620 kcal pro Person
Vorbereitungszeit: 1 Stunde

	Ein-stellung	Garzeit/ Minuten
Nur Mikrowellen	600 Watt	1– 2
Mikrowellen mit Umluft	360 Watt 200°	23
oder		
Mikrowellen mit Ober- und Unterhitze	360 Watt 220°	23
Gesamtgarzeit		24–25

Das Mehl mit der Hefe mischen. • Die Milch mit der Butter bei 600 Watt in 1–2 Minuten erwärmen. • Dann mit Salz zum Mehl geben und alles gut verkneten. • Den Teig zugedeckt 30 Minuten gehen lassen. • Die Zwiebeln in feine Ringe schneiden. Den Speck würfeln. • Eine Pfanne auf der Kochstelle heiß werden lassen. Den Speck darin ausbraten. • Die Zwiebeln dazugeben und glasig dünsten. • Die Springform mit Butter ausstreichen, den Teig darin verteilen. Dabei einen Rand formen. Die Zwiebeln darauf geben. • Die saure Sahne mit den Eiern, Salz, Kümmel und Paprika verquirlen und über die Zwiebeln gießen. • Den Zwiebelkuchen auf dem Rost in die untere Schiene geben und bei Mikrowellenleistung 360 Watt und Umluft 200° etwa 23 Minuten goldbraun backen.

Cheesecake

Schmeckt frisch am besten

Zutaten für eine Springform aus Schwarzblech von 26 cm ∅:
Für den Teig: 75 g Vollkornzwieback · 40 g Butter
40 g Zucker
Für den Belag: 5 Eier
80 g Zucker · Saft und Schale von ½ unbehandelten Zitrone
500 g Doppelrahmfrischkäse
Für die Form: Butter oder Backtrennpapier

Spezialität aus Amerika

Bei 12 Stück 1100 kJ/260 kcal pro Stück
Vorbereitungszeit: 20 Minuten

	Einstellung	Garzeit/ Minuten
Mikrowellen mit Ober- und Unterhitze	360 Watt 190°	25–30
oder		
Mikrowellen mit Umluft	360 Watt 170°	25–30

Abkühlzeit: 1 Stunde

Für den Teig den Zwieback mit einem Nudelholz fein zerbröseln, dann mit der Butter und dem Zucker gründlich verkneten. • Die Springform gut mit Butter ausstreichen oder mit Backtrennpapier auskleiden. • Die Zwiebackmasse gleichmäßig auf dem Boden der Form verteilen. • Für den Belag die Eier trennen. Die Eiweiße steif schlagen. • Die Eigelbe mit dem Zucker, dem Zitronensaft und der -schale sowie dem Frischkäse schaumig rühren. Den Eischnee mit einem Schneebesen vorsichtig unterheben. • Die Creme in der Springform verteilen und glattstreichen. • Den Kuchen auf dem Rost in die untere Schiene des Gerätes geben und bei Mikrowellenleistung 360 Watt und Ober- und Unterhitze 190° 25–30 Minuten backen, bis er leicht gebräunt ist. • Den Kuchen im ausgeschalteten Gerät etwa 1 Stunde auskühlen lassen, dann möglichst bald servieren.

Käsekuchen mit Aprikosen

Schmeckt auch mit Pfirsichen oder Kirschen

Zutaten für 1 Springform aus Schwarzblech von 28 cm ∅:
Für den Teig: 300 g Mehl
100 g Zucker · 1 Päckchen Vanillinzucker · 200 g Butter
1 Ei
Für den Belag: 1 kg Magerquark · 200 g Crème fraîche
2 Eier · 100 g Zucker
1 Päckchen Vanillinzucker
50 g Speisestärke · Saft von ½ Zitrone · 400 g Aprikosen

Preiswert

Bei 12 Stück 1900 kJ/450 kcal pro Stück
Vorbereitungszeit: 30 Minuten
Ruhezeit: 1–2 Stunden

	Einstellung	Garzeit/ Minuten
Mikrowellen mit Ober- und Unterhitze	180 Watt 200°	30–35
oder		
Mikrowellen mit Umluft	180 Watt 180°	30–35

Für den Teig das Mehl, den Zucker, den Vanillinzucker, die Butter und das Ei zu einem glatten Mürbeteig verkneten, in der Form verteilen, dabei einen etwa 3 cm hohen Rand formen. • Den Teig für 1–2 Stunden kühl stellen. • Inzwischen für den Belag den Quark mit der Crème fraîche, den Eiern, dem Zucker, dem Vanillinzucker, der Speisestärke und dem Zitronensaft gut verrühren. • Die Aprikosen mit kochendem Wasser überbrühen, enthäuten, halbieren und entsteinen. • Die Hälfte der Quarkcreme auf den Teig gießen. Die Aprikosen darauf verteilen, mit der restlichen Quarkcreme bedecken. • Die Form auf dem Rost in die untere Schiene des Gerätes geben. Den Kuchen bei Mikrowellenleistung 180 Watt und Ober- und Unterhitze 200° in 30–35 Minuten goldgelb backen. • Den Kuchen im ausgeschalteten Gerät noch etwa 10 Minuten stehen lassen.

Quark-Trauben-Torte

Schmeckt auch mit Kiwis

Zutaten für eine Springform aus Schwarzblech von 26 cm ∅: 4 Eier · 100 g Zucker · 4 Eßl. Wasser · 130 g Mehl · 1 Teel. Backpulver · 60 g Speisestärke
Für die Füllung: 200 g Sahne 6 Blatt Gelatine · 2 Eigelb 170 g Zucker · 2 Eßl. Zitronensaft · 500 g Quark 800 g Trauben · 1 Päckchen Tortenguß
Für die Form: Butter

Gut vorzubereiten

Bei 16 Stück 1100 kJ/260 kcal
Vorbereitungszeit: 40 Minuten

	Einstellung	Garzeit/ Minuten
Mikrowellen mit Ober- und Unterhitze	180 Watt 200°	17–19
oder		
Mikrowellen mit Umluft	180 Watt 180°	17–19
Nur Mikrowellen	600 Watt	3
Gesamtgarzeit		20–22

Die Form ausfetten. • Die Eier trennen. Die Eiweiße steif schlagen. Die Eigelbe mit dem Zucker und dem Wasser schaumig rühren. Das Mehl mit dem Backpulver und der Speisestärke unterrühren. Den Eischnee unterheben. • Den Teig in die Form füllen, mit dem Rost in die untere Schiene des Gerätes geben und bei Mikrowellenleistung 180 Watt und Ober- und Unterhitze 200° 17–19 Minuten backen. • Den ausgekühlten Teig waagerecht halbieren. • Die Sahne steif schlagen. Die Gelatine kurz kalt einweichen, ausdrücken und bei Mikrowellenleistung 600 Watt in 10 Sekunden schmelzen. Mit der Sahne verrühren. • Die Eigelbe mit 150 g Zucker, dem Zitronensaft und dem Quark verrühren. Die Sahne unterheben. • Einen Teigboden mit Quarkmasse bestreichen, den zweiten darauf setzen und mit der restlichen Masse bestreichen. • Die Trauben waschen und darauf verteilen. • Den restlichen Zucker mit dem Guß und ¼ l Wasser verrühren und bei Mikrowellenleistung 600 Watt 3 Minuten kochen. Abgekühlt auf die Torte gießen.

Eierlikör-Torte

Schmeckt frisch am besten

Zutaten für 1 Springform aus
Schwarzblech von 28 cm ∅:
Für den Teig:
100 g Blockschokolade · 5 Eier
100 g Butter · 100 g Zucker
1 Päckchen Vanillinzucker
200 g fein gemahlene Haselnuß-kerne · 1 Päckchen Backpulver
1 Eßl. Rum
Für den Belag:
500 g Sahne · 2 Eßl. Zucker
1 Päckchen Sahnesteif
4–5 Eßl. Eierlikör
Für die Form: Backtrennpapier oder Butter

Preiswert

Bei 16 Stücken 1400 kJ/330 kcal pro Stück
Vorbereitungszeit: 30 Minuten

	Einstellung	Garzeit/ Minuten
Nur Mikrowellen	600 Watt	1
Mikrowellen mit Ober- und Unterhitze	180 Watt 200°	20–25
oder		
Mikrowellen mit Umluft	180 Watt 180°	20–25
Gesamtgarzeit		21–26
Fertigstellung: 25 Minuten		

Die Springform entweder mit Backtrennpapier auskleiden oder gründlich mit Butter ausstreichen. • Für den Teig die Blockschokolade fein reiben. • Die Eier trennen, und die Eiweiße zu steifem Schnee schlagen. • Die Butter in eine mikrowellengeeignete Rührschüssel geben und bei Mikrowellenleistung 600 Watt offen in etwa 1 Minute weich werden lassen. • Den Zucker und den Vanillinzucker in die Schüssel zur Butter geben und alles sehr schaumig schlagen. Nach und nach die Eigelbe gründlich unterrühren. • Die Schokolade, die Haselnüsse, das Backpulver und den Rum zur Schaummasse geben und unterrühren. Den Eischnee vorsichtig unterheben. • Den Teig in die Springform füllen und glattstreichen. Den Kuchen mit dem Rost in die untere Schiene des Gerätes geben und bei Mikrowellenleistung 180 Watt und Ober- und Unterhitze 200° 20–25 Minuten backen. • Die Stäbchenprobe machen: Wenn an einem Holzstäbchen, das man in die Mitte des Kuchens sticht, keine feuchten Teigreste mehr haften, ist der Teigboden fertig gebacken. • Den Tortenboden aus der Form lösen und auf einem Kuchengitter auskühlen lassen. • Dann die Sahne mit dem Zucker und dem Sahnesteif steif schlagen. • Etwa zwei Drittel der Sahne auf dem Tortenboden verstreichen. • Die restliche Sahne in einen Spritzbeutel füllen und den Rand der Torte so dicht mit Sternchen verzieren, daß der Eierlikör nicht herausfließen kann. • Den Eierlikör in die Tortenmitte gießen und gleichmäßig verteilen. • Die Torte vor dem Servieren eventuell noch einmal kurz kühl stellen.

Mein Tip: Sie können den Tortenboden auch einmal waagerecht halbieren, mit etwas Sahne bestreichen und mit vorbereitetem Obst der Jahreszeit belegen. Den zweiten Tortenboden darauflegen und wie oben beschrieben mit Sahne bestreichen und verzieren. Den Eierlikör in die Mitte gießen. Sie können die Torte zusätzlich noch mit Schokoladenraspeln verzieren.

Zimttorte mit Schokolade

Paßt besonders in die Vorweihnachtszeit

Zutaten für eine Springform aus Schwarzblech von 28 cm ∅:
Für den Teig: 100 g Zartbitterschokolade · 50 ccm starker Kaffee · 140 g weiche Butter
200 g Zucker · 2 Eier
200 g Mehl · 2 gestrichene Teel. Backpulver · 1 Teel. Zimtpulver
¼ Teel. gemahlene Nelken
100 ccm Milch
Für den Belag: 600 g Sahne
2 Eßl. Zucker · 1 Teel. Zimtpulver
Für die Form: Butter

Anspruchsvoll

Bei 16 Stücken 1400 kJ/330 kcal pro Stück
Vorbereitungszeit: 30 Minuten

	Einstellung	Garzeit/ Minuten
Nur Mikrowellen	360 Watt	1– 2
Mikrowellen mit Ober- und Unterhitze	180 Watt 180°	20
oder		
Mikrowellen mit Umluft	180 Watt 160°	20
Gesamtgarzeit		21–23

Die zerkleinerte Schokolade mit dem Kaffee bei Mikrowellenleistung 360 Watt in 1–2 Minuten schmelzen lassen. • Die Masse gut verrühren, bis sie sämig ist. • Die Springform mit Butter ausstreichen. • Die Butter mit dem Zucker schaumig rühren, dann die Eier untermischen. Das Mehl mit dem Backpulver vermengen und unterrühren. Die flüssige Schokolade, den Zimt, die Nelken und zuletzt die Milch untermischen. • Den Teig in die Form füllen und mit dem Rost in die untere Schiene des Gerätes geben. Den Kuchen bei Mikrowellenleistung 180 Watt mit Ober- und Unterhitze 180° etwa 20 Minuten backen. • Dann noch 10 Minuten im Gerät stehenlassen. • Den Kuchen auskühlen lassen, dann waagerecht halbieren. • Die Sahne mit dem Zucker und dem Zimt steif schlagen. Den unteren Tortenboden mit etwas Sahne bestreichen. Den oberen Teigboden daraufsetzen. Die Torte rundherum mit Zimtsahne bestreichen und mit Tupfern verzieren.

Bananen-Kokos-Kuchen

Bleibt einige Tage saftig

Zutaten für eine Springform aus Schwarzblech von 28 cm ∅:
- 500 g Bananen · Saft und Schale von ½ unbehandelten Zitrone
- 1 Eßl. Rum · 5 Eier · 125 g Butter
- 150 g Zucker · 1 Prise Salz
- 75 g Kokosflocken · 250 g Mehl
- 1 Päckchen Backpulver
- 100 g Schokoladenglasur
- Für die Form: Butter

Preiswert

Bei 12 Stück 1400 kJ/330 kcal pro Stück
Vorbereitungszeit: 30 Minuten

	Einstellung	Garzeit/ Minuten
Mikrowellen mit Umluft	180 Watt 180°	25
oder		
Mikrowellen mit Ober- und Unterhitze	180 Watt 200°	
Nur Mikrowellen	360 Watt	3– 4
Gesamtgarzeit		28–29

Die Form gut fetten. • Die Bananen schälen und mit einer Gabel fein zerdrücken. Mit dem Zitronensaft und dem Rum mischen. • Die Eier trennen. Die Eiweiße steif schlagen. • Die Butter mit dem Zucker und dem Salz schaumig schlagen. Die Eigelbe, die Kokosflokken und die Zitronenschale nach und nach untermischen. Das Mehl mit dem Backpulver mischen und unterrühren. Dann die Bananenmasse und zuletzt den Eischnee unterheben. • Den Teig in die Form füllen, glattstreichen, mit dem Rost in die untere Schiene des Gerätes geben und bei Mikrowellenleistung 180 Watt und Umluft 180° etwa 25 Minuten backen. • Dann mit einem Holzstäbchen die Garprobe machen. • Den Kuchen auskühlen lassen und aus der Form nehmen. • Die Schokoladenglasur in einem mikrowellengeeigneten Gefäß bei Mikrowellenleistung 360 Watt in 3–4 Minuten schmelzen. Den Kuchen damit überziehen.

Versunkener Kirschkuchen

Schmeckt auch mit Äpfeln oder Brombeeren

Zutaten für eine Springform aus Schwarzblech von 28 cm ∅:
- 200 g Butter · 200 g Zucker
- 3 Eier · 200 g Mehl
- 1 gestrichener Teel. Backpulver
- 1 Glas Sauerkirschen (Abtropfgewicht 370 g)
- Für die Form: Butter oder Backtrennpapier

Preiswert

Bei 12 Stück 1300 kJ/310 kcal pro Stück
Vorbereitungszeit: 20 Minuten

	Einstellung	Garzeit/ Minuten
Nur Mikrowellen	600 Watt	1
Mikrowellen mit Umluft	180 Watt 180°	28–30
oder		
Mikrowellen mit Ober- und Unterhitze	180 Watt 200°	
Gesamtgarzeit		29–31

Die Form gut fetten oder mit Backtrennpapier auskleiden. • Die Butter in eine mikrowellengeeignete Rührschüssel geben und bei Mikrowellenleistung 600 Watt in 1 Minute geschmeidig werden lassen. • Den Zucker hinzufügen und mit der Butter schaumig rühren. Nach und nach die Eier untermischen. Das Mehl mit dem Backpulver vermengen und gründlich unterrühren. • Die Kirschen in einem Sieb abtropfen lassen. • Den Teig in die Springform füllen und glattstreichen. Die Kirschen gleichmäßig darauf verteilen. • Den Kuchen mit dem Rost in die untere Schiene des Gerätes geben und bei Mikrowellenleistung 180 Watt und Umluft 180° 28–30 Minuten backen, bis die Oberfläche gebräunt ist.

Mein Tip: Wer möchte, kann auch 2 Gläser Kirschen verwenden. Dann die Garzeit um 3–5 Minuten verlängern.

Apfelkuchen mit Walnüssen und Quark

Schmeckt durch Vollkornmehl besonders aromatisch

Zutaten für eine Springform aus Schwarzblech von 28 cm ∅:
200 g Weizenvollkornmehl
1 gestrichener Teel. Backpulver
75 g Butter · 4 Eier · Saft von ½ Zitrone · 125 g Honig
650 g Äpfel · 500 g Magerquark
Zimtpulver · 80 g Walnußkerne
Für die Form: Butter oder Backtrennpapier

Preiswert

Bei 12 Stück 1100 kJ/260 kcal pro Stück
Vorbereitungszeit: 45 Minuten

	Einstellung	Garzeit/ Minuten
Mikrowellen mit Umluft	300 Watt 180°	30–35
oder		
Mikrowellen mit Ober- und Unterhitze	300 Watt 200°	

Die Form gut fetten oder mit Backtrennpapier auskleiden. • Das Mehl mit dem Backpulver in einer Schüssel mischen. Die Butter, 1 Ei, einen Teil des Zitronensaftes und 50 g Honig dazugeben und alles zu einem glatten Teig verkneten. • Den Teig in der Springform verteilen, dabei einen etwa 3 cm hohen Rand formen. Den Teig etwa 30 Minuten kühl stellen. • Inzwischen die restlichen Eier trennen. Die Eiweiße steif schlagen. • Die Äpfel schälen, vierteln, vom Kerngehäuse befreien und in Spalten schneiden. • Den Quark mit dem restlichen Honig, den Eigelben, dem restlichen Zitronensaft und Zimtpulver gründlich verrühren. Den Eischnee vorsichtig unterheben. • Die Walnußkerne grob hacken. • Die Apfelspalten gleichmäßig auf dem Teig verteilen und mit den Walnüssen bestreuen. Die Quarkmasse darauf geben und glattstreichen. • Die Backform mit dem Rost in die untere Schiene des Gerätes geben und den Kuchen bei Mikrowellenleistung 300 Watt und Umluft 180° 30–35 Minuten backen, bis die Quarkmasse gebräunt ist. • Den Kuchen weitere 5 Minuten im abgeschalteten Gerät stehenlassen.

Johannisbeerkuchen mit Baiserhaube

Der Kuchen schmeckt auch mit Stachelbeeren oder Rharbarber

Zutaten für eine Springform aus Schwarzblech von 26 cm ∅:

Für den Teig: 150 g Mehl
100 g Butter · 50 g Zucker
1 Eigelb · 1 Prise Salz

Für den Belag: 600 g rote Johannisbeeren · 4 Eiweiß
150 g Zucker · 1 Päckchen Vanillinzucker · 100 g gemahlene Mandeln · 1 Eßl. Speisestärke

Für die Form: Butter oder Backtrennpapier

Klassisches Gericht

Bei 12 Stück 1100 kJ/260 kcal pro Stück
Vorbereitungszeit: 45 Minuten

	Einstellung	Garzeit/ Minuten
Mikrowellen mit Ober- und Unterhitze	180 Watt 200°	30–35
oder		
Mikrowellen mit Umluft	180 Watt 180°	

Das Mehl mit der Butter, dem Zucker, dem Eigelb und dem Salz zu einem glatten Teig verkneten. • Die Springform fetten oder mit Backtrennpapier auskleiden. Den Teig in der Form verteilen, dabei einen etwa 2 cm hohen Rand formen. Den Teig etwa 30 Minuten kühl stellen. • Inzwischen die Johannisbeeren waschen, abtropfen lassen und von den Stielen streifen. • Die Eiweiße steif schlagen, dabei den Zucker und den Vanillinzucker hinzufügen. Die Mandeln und die Speisestärke mit einem Schneebesen unterheben. • Die Johannisbeeren auf dem Teig verteilen. Die Baisermasse darauf geben und glattstreichen. • Den Kuchen mit dem Rost in die mittlere Schiene des Gerätes geben und bei Mikrowellenleistung 180 Watt und Ober- und Unterhitze 200° 30–35 Minuten backen, bis die Oberfläche schön gebräunt ist.

Birnenkuchen

Schmeckt am besten mit sonnengereiften Birnen

Zutaten für eine Springform aus Schwarzblech von 26 cm ∅:

Für den Teig: 250 g Weizenvollkornmehl · 100 g Butter
1 Ei · 1 Eßl. Honig · 2 Eßl. Rum
1½ Teel. Backpulver

Für den Belag: 750 g Birnen
125 g Sahne · 3 Eier · 2 Eßl. Honig

Für die Form: Butter

Preiswert

Bei 12 Stück etwa 990 kJ/240 kcal pro Stück
Vorbereitungszeit: 30 Minuten
Kühlzeit: 1 Stunde

	Einstellung	Garzeit/ Minuten
Nur Umluft	200°	20
oder		
Nur Ober- und Unterhitze	220°	
Mikrowellen mit Umluft	360 Watt 200°	8–10
oder		
Mikrowellen mit Ober- und Unterhitze	360 Watt 220°	
Gesamtgarzeit		28–30

Die Form fetten. Alle Zutaten für den Teig verkneten und in der Form verteilen. Dabei einen 2 cm hohen Rand formen. • Den Teig 1 Stunde kühlen. • Den Teig mit dem Rost in die untere Schiene des Gerätes geben und bei Umluft 200° ohne Zuschaltung von Mikrowellen etwa 20 Minuten backen. • Inzwischen die Birnen schälen, vom Kerngehäuse befreien und in Schnitze schneiden. Die Sahne steif schlagen. Die Eier trennen. Die Eiweiße steif schlagen. Die Eigelbe mit dem Honig schaumig rühren. Den Eischnee und die Sahne unterheben. • Die Birnen auf dem Teigboden verteilen, die Eimasse darüberstreichen.
• Den Kuchen bei Mikrowellenleistung 360 Watt und Umluft 200° 8–10 Minuten backen, bis er gebräunt ist.

Himbeerkuchen mit Nußboden

Sie können den Kuchen noch mit Mandelblättchen verzieren

Zutaten für eine Springform aus Schwarzblech von 28 cm ∅:
Für den Teig: 100 g Butter
100 g Zucker · 1 Päckchen Vanillinzucker · 3 Eier
100 g gemahlene Mandeln
2 Eßl. Kakao · 100 g Mehl
2 gestrichene Teel. Backpulver
Zimtpulver · Muskatnuß
Für den Belag: 750 g Himbeeren · 2 Päckchen Tortenguß · 3½ Eßl. Zucker
knapp ½ l Wasser
Für die Form: Butter

Gut vorzubereiten

Bei 12 Stücken 1200 kJ/290 kcal pro Stück
Vorbereitungszeit: 40 Minuten

	Einstellung	Garzeit/ Minuten
Mikrowellen mit Ober- und Unterhitze	180 Watt 190°	18–20
oder		
Mikrowellen mit Umluft	180 Watt 170°	18–20
Nur Mikrowellen	600 Watt	5– 6
Gesamtgarzeit		23–26

Die Springform fetten. • Die Butter mit dem Zucker, dem Vanillinzucker und den Eiern schaumig rühren. Die Mandeln mit dem Kakao, dem Mehl, dem Backpulver, Zimt und Muskat mischen und unterheben. • Den Teig in die Springform füllen und glattstreichen. Den Teig mit dem Rost in die untere Schiene des Gerätes geben und bei Mikrowellenleistung 180 Watt und Ober- und Unterhitze 190° 18–20 Minuten backen. • Den Kuchenboden auskühlen lassen. • Inzwischen die Himbeeren waschen und trockentupfen. • Die Himbeeren auf dem Teig verteilen. • Den Tortenguß mit dem Zucker in einem hohen Gefäß mischen. Das Wasser nach und nach mit dem Schneebesen unterrühren. • Den Guß bei Mikrowellenleistung 600 Watt 5–6 Minuten offen kochen. Dabei einmal durchrühren. • Den Guß nochmals durchrühren und über den Himbeeren verteilen. • Den Kuchen bis zum Servieren kühlen.

Rotweinkuchen

Schmeckt mit Schokoladenglasur besonders gut

Zutaten für eine Kastenform von 30 cm Länge oder eine Springform aus Schwarzblech von 26 cm ∅:

- 100 g Zartbitterschokolade
- 200 g Butter · 175 g Zucker
- 1 Päckchen Vanillinzucker · 4 Eier
- 250 g Mehl · ½ Päckchen Backpulver · ⅛ l trockener Rotwein · 1 Teel. Zimtpulver
- 1 Teel. Kakaopulver · 1 Prise frisch geriebene Muskatnuß
- Für die Form: Butter und etwas Semmelbrösel

Preiswert

Bei 16 Stücken 1100 kJ/260 kcal pro Stück
Vorbereitungszeit: 25 Minuten

	Einstellung	Garzeit/ Minuten
Mikrowellen mit Umluft	180 Watt 180°	25
oder		
Mikrowellen mit Ober- und Unterhitze	180 Watt 200°	25

Die Kasten- oder Springform gründlich mit Butter ausstreichen und mit Semmelbröseln ausstreuen. • Die Schokolade fein reiben. • Die Butter, den Zucker und den Vanillinzucker schaumig rühren. Nach und nach die Eier hinzufügen und gründlich unterrühren. • Das Mehl mit dem Backpulver mischen und langsam unterrühren. • Dann den Rotwein, den Zimt, den Kakao und den Muskat hinzufügen. Zum Schluß die Schokolade unterheben. • Den Teig in die vorbereitete Form füllen. • Den Rost mit dem Kuchen in die untere Schiene des Gerätes schieben. Den Kuchen bei Mikrowellenleistung 180 Watt und Umluft 180° etwa 25 Minuten backen. • Falls der Kuchen ungleichmäßig aufgeht, die Form nach der Hälfte der Backzeit um 180° drehen. • Die Stäbchenprobe machen und die Backzeit eventuell verlängern.

Nußkuchen

Läßt sich auch mit anderen Nußsorten zubereiten

Zutaten für eine Kastenform von 30 cm Länge:

- 250 g Butter · 175 g Zucker
- 1 Päckchen Vanillinzucker · 4 Eier
- 200 g gemahlene Haselnüsse
- 2 Eßl. Mandellikör · 250 g Mehl
- 2 gestrichene Teel. Backpulver
- 100 g Schokoladenglasur
- einige Haselnußkerne
- Für die Form: Butter und etwas Semmelbrösel

Klassisches Gericht

Bei 16 Stücken 1600 kJ/380 kcal pro Stück
Vorbereitungszeit: 30 Minuten

	Einstellung	Garzeit/ Minuten
Nur Mikrowellen	600 Watt	1
Mikrowellen mit Umluft	180 Watt 190°	30
oder		
Mikrowellen mit Ober- und Unterhitze	180 Watt 210°	30
Nur Mikrowellen	360 Watt	3– 4
Gesamtgarzeit		34–35

Die Form fetten und mit Bröseln ausstreuen. • Die Butter in einer Rührschüssel bei Mikrowellenleistung 600 Watt in 1 Minute schmelzen. • Dann mit dem Zucker und dem Vanillinzucker schaumig rühren. Die Eier nach und nach untermengen. Die Nüsse und den Likör unterheben. Das Mehl mit dem Backpulver mischen und unterziehen. • Den Teig in die Form füllen und glattstreichen. • Den Kuchen mit dem Rost in die untere Schiene des Gerätes geben und bei Mikrowellenleistung 180 Watt und Umluft 190° etwa 30 Minuten backen. • Den Kuchen kurz stehenlassen, dann aus der Form stürzen und auskühlen lassen. • Die Glasur in einem mikrowellengeeigneten Gefäß bei Mikrowellenleistung 360 Watt in 3–4 Minuten schmelzen. • Den Kuchen damit überziehen. Die Nüsse in Scheiben schneiden und auf die flüssige Glasur geben.

Aprikosenkuchen mit Rumcreme

Die Aprikosen schmecken durch die kurze Garzeit besonders intensiv

Zutaten für eine Springform aus Schwarzblech von 28 cm Ø:
Für den Teig:
80 g Butter · 50 g Zucker
1 Päckchen Vanillinzucker · 1 Ei
1 Prise Salz · 200 g Mehl
1 ½ Teel. Backpulver
Für den Belag:
750–1000 g Aprikosen · 4 Eier
100 g Zucker · 1 Eßl. Rum
150 g Crème fraîche
Für die Form: Butter oder Backtrennpapier

Klassisches Gericht
Gut vorzubereiten

Bei 12 Stücken 1100 kJ/260 kcal pro Stück
Vorbereitungszeit: 35 Minuten

	Einstellung	Garzeit/ Minuten
Nur Mikrowellen	600 Watt	1
Mikrowellen mit Ober- und Unterhitze	180 Watt 200°	12
oder		
Mikrowellen mit Umluft	180 Watt 180°	
Mikrowellen mit Ober- und Unterhitze	360 Watt 200°	13–15
oder		
Mikrowellen mit Umluft	360 Watt 180°	
Gesamtgarzeit		26–28

Für den Belag die Aprikosen waschen, häuten und entsteinen. • Die Springform gründlich mit Butter ausfetten oder mit Backtrennpapier auskleiden. • Für den Teig die Butter in eine Rührschüssel geben und bei Mikrowellenleistung 600 Watt offen in etwa 1 Minute schmelzen. • Dann den Zucker und den Vanillinzucker dazugeben und alles schaumig rühren. Das Ei und das Salz gründlich untermengen. Das Mehl mit dem Backpulver mischen und ebenfalls gründlich unter den Teig rühren. • Den Teig in die Springform füllen und glattstreichen. • Den Teig mit dem Rost in die untere Schiene des Gerätes geben und bei Mikrowellenleistung 180 Watt und Ober- und Unterhitze 200° etwa 12 Minuten vorbacken. • Inzwischen für den Guß die Eier trennen. Die Eiweiße zu steifem Schnee schlagen. Die Eigelbe mit dem Zucker schaumig rühren. Den Rum und die Crème fraîche gründlich unterrühren. Zuletzt den Eischnee unterheben. • Die Aprikosen auf dem vorgebackenen Teig verteilen. Den Guß gleichmäßig darauf verstreichen. • Den Kuchen bei Mikrowellenleistung 360 Watt und Ober- und Unterhitze 200° in 13–15 Minuten fertig backen. Die Oberfläche sollte dann leicht gebräunt sein. • Den Kuchen etwas abkühlen lassen, dann aus der Form lösen.

Mein Tip: Dieser Kuchen läßt sich vielfältig abwandeln:

Für einen Apfelkuchen
750–1000 g Äpfel schälen, vom Kerngehäuse befreien und in Schnitze schneiden. Mit dem Saft von 1 Zitrone beträufeln. 50 g Rosinen heiß überbrühen, abtropfen lassen und mit den Äpfeln mischen. Den Guß statt mit Rum mit Calvados zubereiten. Die Äpfel auf dem vorgebackenen Teig verteilen, mit dem Guß bedecken und wie oben beschrieben fertig backen.

Für einen Kirschkuchen
750–1000 g Sauerkirschen waschen, entsteinen und mit 100 g gemahlenen Mandeln mischen. Den Guß mit Kirschwasser zubereiten. Den Kuchen wie oben beschrieben vor- und fertig backen.

Mohnkuchen

Der Kuchen läßt sich mit Puderzucker dekorativ verzieren

Zutaten für eine Springform aus Schwarzblech von 26 cm ∅:
5 Eier · 150 g Butter
150 g Zucker
1 Päckchen Vanillinzucker
200 g fein gemahlener Mohn
125 g gemahlene Mandeln
1 Prise Backpulver
Für die Form: Butter oder Backtrennpapier

Besonders schnell

Bei 12 Stücken 1400 kJ/330 kcal pro Stück
Vorbereitungszeit: 20 Minuten

	Einstellung	Garzeit/ Minuten
Nur Mikrowellen	600 Watt	1
Mikrowellen mit Umluft	180 Watt 170°	20
oder		
Mikrowellen mit Ober- und Unterhitze	180 Watt 190°	
Gesamtgarzeit		21

Die Eier trennen. Die Eiweiße zu steifem Schnee schlagen. • Die Butter in einer Rührschüssel bei Mikrowellenleistung 600 Watt in etwa 1 Minute schmelzen. • Dann mit dem Zucker und dem Vanillinzucker schaumig schlagen. Die Eigelbe nach und nach gründlich unterrühren. Den Mohn mit den Mandeln und dem Backpulver mischen und ebenfalls gründlich unterrühren. • Die Springform mit Butter ausfetten oder mit Backtrennpapier auslegen. • Den Eischnee unter die Mohnmasse heben. Den Teig in die Form füllen und glattstreichen. • Den Kuchen auf dem Rost in die untere Schiene des Gerätes geben und bei Mikrowellenleistung 180 Watt und Umluft 170° etwa 20 Minuten backen. • Den Kuchen dann weitere 5 Minuten im abgeschalteten Gerät stehenlassen.

Vollkornsavarin mit Erdbeeren

Schmeckt auch mit Himbeeren oder Pflaumen

Zutaten für eine Savarinform von 25 cm ∅:
250 g fein gemahlenes Weizenvollkornmehl · 1 Päckchen Trockenhefe · 1 Prise Salz
⅛ l Milch · 3 Eßl. Honig · 80 g Butter · 3 Eier · ¼ l Traubensaft
6 cl Rum · 500 g Erdbeeren
200 g Sahne · 1–2 Eßl. Zucker
Für die Form: Butter

Preiswert • Anspruchsvoll

Bei 16 Stücken 800 kJ/190 kcal pro Stück
Vorbereitungszeit: 45 Minuten

	Einstellung	Garzeit/ Minuten
Nur Mikrowellen	600 Watt	1– 2
Mikrowellen mit Umluft	180 Watt 180°	15
oder		
Mikrowellen mit Ober- und Unterhitze	180 Watt 200°	
Gesamtgarzeit		16–17

Das Mehl mit der Hefe und dem Salz in einer Schüssel mischen. • Die Milch mit dem Honig und der Butter bei Mikrowellenleistung 600 Watt in 1–2 Minuten erwärmen. • Dann mit den Eiern zum Mehl geben und alles zu einem glatten Teig verkneten. • Den Teig zugedeckt ruhen lassen, bis sich sein Volumen verdoppelt hat. • Die Form fetten. • Den Teig noch einmal durchmischen, in die Form geben und noch einmal 15 Minuten gehen lassen. • Den Savarin mit dem Rost in die untere Schiene des Gerätes geben und bei Mikrowellenleistung 180 Watt und Umluft 180° etwa 15 Minuten backen. • Den Kuchen aus der Form lösen und einige Male einstechen. • Den Traubensaft mit dem Rum mischen und auf den Teig träufeln. • Die Erdbeeren waschen, entstielen und eventuell halbieren. • Die Sahne mit dem Zucker steif schlagen. • Den Savarin auf eine Platte geben, mit den Erdbeeren füllen und mit der Sahne garnieren.

Hefekranz mit Nußfüllung

Die Füllung schmeckt auch mit anderen Nüssen sehr gut

Zutaten für eine Kranzform aus Schwarzblech von 26 cm ∅:

Für den Teig:
- 100 g Butter
- 50 g Zucker
- 375 g Mehl
- 1 Päckchen Trockenhefe
- knapp ⅛ l Milch
- 1 Ei · abgeriebene Schale von 1 unbehandelten Zitrone

Für die Füllung:
- 40 g Butter
- einige Mandelblättchen
- 3 Eiweiß · Saft von ½ Zitrone
- 150 g Zucker
- 200 g gemahlene Haselnüsse

Für die Arbeitsfläche: Mehl

Zum Bestreuen: eventuell Puderzucker

Klassisches Gericht
Preiswert

Bei 16 Stücken 1255 kJ/300 kcal pro Stück
Vorbereitungszeit: 1 Stunde

	Einstellung	Garzeit/ Minuten
Nur Mikrowellen	600 Watt	2½
Mikrowellen mit Ober- und Unterhitze	180 Watt 200°	25–30
oder		
Mikrowellen mit Umluft	180 Watt 180°	25–30
Gesamtgarzeit		27½–32½

Für den Teig die Butter in eine Rührschüssel geben und bei Mikrowellenleistung 600 Watt offen in etwa 1 Minute geschmeidig werden lassen. • Dann den Zucker, das Mehl und die Trockenhefe hinzufügen. • Die Milch in einem mikrowellengeeigneten Gefäß bei Mikrowellenleistung 600 Watt in etwa ½ Minute erwärmen. • Das Ei, die Zitronenschale und nach und nach die Milch zu dem Mehl geben und alles verkneten. Den Teig so lange weiterkneten, bis er glatt und glänzend ist und sich von der Schüssel löst. • Den Teig zugedeckt an einem warmen Ort etwa 30 Minuten gehen lassen, bis sich sein Volumen verdoppelt hat. • Inzwischen für die Füllung die Butter in einem mikrowellengeeigneten Gefäß bei Mikrowellenleistung 600 Watt in etwa 1 Minute schmelzen lassen. • Die Kranzform mit einem Teil der flüssigen Butter ausstreichen und mit Mandelblättchen ausstreuen. • Die Eiweiße zu steifem Schnee schlagen. Den Zitronensaft unterrühren. Den Zucker untermischen und die Haselnüsse mit einem Schneebesen unterheben. • Den Hefeteig nochmals durchkneten, dann auf der bemehlten Arbeitsfläche zu einem Rechteck ausrollen, das so lang wie die Form sein soll. • Den Teig mit der restlichen flüssigen Butter bestreichen, dann die Nußfüllung gleichmäßig darauf verteilen. Den Teig locker zusammenrollen und in die Form legen. Die Enden zusammendrücken. • Den Hefekranz mit dem Rost in die untere Schiene des Gerätes geben und bei Mikrowellenleistung 180 Watt und Ober- und Unterhitze 200° 25–30 Minuten backen, bis er gebräunt ist. • Den Kranz vor dem Servieren eventuell mit Puderzucker bestreuen.

Mein Tip: Statt der Nußfüllung können Sie auch eine Mohnfüllung zubereiten. Dazu knapp ¼ l Milch mit 30 g Butter und 1 Päckchen Vanillinzucker in einem hohen, mikrowellengeeigneten Gefäß bei Mikrowellenleistung 600 Watt in 2–4 Minuten zum Kochen bringen. 250 g fein gemahlenen Mohn und 150 g Zucker unter die Milch rühren und alles bei Mikrowellenleistung 180 Watt etwa 10 Minuten kochen lassen. 1 Eßlöffel Rum unter die Füllung mischen. 50 g grob gehackte Nüsse untermischen. Die Füllung etwas abkühlen lassen, dann wie oben beschrieben fortfahren.

Süße Hauptgerichte und Desserts

Ob Sie nun nach einem süßen Hauptgericht, einem köstlichen Dessert oder auch nach einer Nascherei zu Kaffee oder Tee suchen – dieses Kapitel bietet für jeden Geschmack und Anlaß das Richtige. Vieles läßt sich zubereiten, während das Hauptgericht verzehrt wird. Andere Süßspeisen sind so schnell fertig, daß Sie leicht darauf warten können.

Zwetschgenauflauf

Schmeckt auch mit Mirabellen

Zutaten für 4 Personen:
1 kg Zwetschgen · 1 Zitrone
100 g Zucker · 3 Eier
500 g Quark · 100 g Grieß
50 g Speisestärke · 2 Teel. Backpulver · 30 g Butter
1 Eßl. Semmelbrösel

Preiswert

Pro Person 2500 kJ/600 kcal
Vorbereitungszeit: 30 Minuten
Ruhezeit: 30 Minuten

	Einstellung	Garzeit/ Minuten
Mikrowellen mit Umluft	360 Watt 180°	30
oder		
Mikrowellen mit Ober- und Unterhitze	360 Watt 200°	

Die Zwetschgen waschen und entsteinen. • Die Zitrone auspressen und den Saft mit 20 g Zucker verrühren. Die Zwetschgen mit dem Zitronen-Zuckersaft vermengen und etwa 30 Minuten ziehen lassen. • Die Eier trennen, die Eiweiße zu steifem Schnee schlagen. • Den Quark mit dem restlichen Zucker, dem Grieß, der Speisestärke, dem Backpulver und den Eigelben gründlich verrühren. • Eine feuerfeste Auflaufform mit einem Teil der Butter gut einfetten. • Den Eischnee unter die Quarkmasse heben. • Zwei Drittel der Quarkmasse in die Form füllen und einen Teil der Zwetschgen darauf verteilen. Die restliche Quarkmasse darüberstreichen und mit den restlichen Zwetschgen belegen. Die Semmelbrösel daraufstreuen und mit der restlichen Butter in Flöckchen belegen. • Den Rost mit der offenen Form in die untere Schiene des Gerätes schieben und den Auflauf bei Mikrowellenleistung 360 Watt und Umluft 180° etwa 30 Minuten backen, bis er leicht gebräunt ist.

Quarkauflauf

Bei kleinen Kindern sehr beliebt

Zutaten für 4 Personen:
80 g Butter · 75 g Zucker
1 Päckchen Vanillinzucker
4 Eier · 500 g Quark · Saft und Schale von ½ unbehandelten Zitrone · 50 g Grieß · 1 Teel. Backpulver · 50 g Rosinen
50 g Mandelblättchen
Für die Form und zum Bestreuen: Butter und 1 Eßl. Semmelbrösel

Preiswert

Pro Person 2700 kJ/640 kcal
Vorbereitungszeit: 30 Minuten

	Einstellung	Garzeit/ Minuten
Mikrowellen mit Umluft	360 Watt 200°	18–20
oder		
Mikrowellen mit Ober- und Unterhitze	360 Watt 220°	

Etwa 60 g Butter mit dem Zucker und dem Vanillinzucker schaumig rühren. • Die Eier trennen. Die Eigelbe zur Butter geben und ebenfalls schaumig rühren. • Den Quark, den Zitronensaft und die -schale, den Grieß und das Backpulver unterrühren. • Die Rosinen mit heißem Wasser überbrühen, abtropfen lassen und mit den Mandelblättchen unter die Quarkmasse mengen. • Die Eiweiße zu steifem Schnee schlagen und vorsichtig unterheben. • Eine feuerfeste Form mit Butter ausstreichen. Die Quarkmasse hineinfüllen und mit den Semmelbröseln und der restlichen Butter in Flöckchen belegen. • Die offene Form mit dem Rost in die untere Schiene des Gerätes geben. • Den Auflauf bei Mikrowellenleistung 360 Watt und Umluft 200° 18–20 Minuten backen, bis die Oberfläche leicht gebräunt ist.

Topfenpalatschinken mit Mandelblättchen

Schmecken auch mit Vollkornmehl und Honig

Zutaten für 4 Personen:
200 g Mehl · 2 Eier · 1 Prise Salz
¼ l Milch · ⅛ l kohlensäurehaltiges Mineralwasser
Distelöl zum Braten · 50 g ungeschwefelte Sultaninen
1 Eßl. Rum · 500 g Sahnequark
1 Päckchen Vanillinzucker
75 g Zucker · 1 Eigelb · 1 Eßl. Zitronensaft · 100 g saure Sahne · 25 g Mandelblättchen

Spezialität aus Österreich

Pro Person 3200 kJ/760 kcal
Vorbereitungszeit: 45 Minuten

	Einstellung	Garzeit/ Minuten
Mikrowellen mit Ober- und Unterhitze	360 Watt 200°	15
oder		
Mikrowellen mit Umluft	360 Watt 180°	

Das Mehl mit den Eiern, dem Salz, der Milch und dem Mineralwasser gründlich verrühren. • Eine große Pfanne auf der Kochstelle heiß werden lassen und etwas Distelöl darin erhitzen. Jeweils 1 Schöpfkelle Teig in das heiße Fett gießen und bei mittlerer Hitze einen Pfannkuchen oder Palatschinken daraus backen. Nacheinander die restlichen Pfannkuchen backen, bis der Teig verbraucht ist. Die Pfannkuchen jeweils auf Küchenpapier abfetten lassen.
• Die Sultaninen heiß waschen und mit dem Rum mischen.
• Den Quark mit dem Vanillinzucker, dem Zucker, dem Eigelb und dem Zitronensaft gut verrühren. Dann die Sultaninen untermengen. • Die Palatschinken auf der Arbeitsfläche ausbreiten, gleichmäßig mit der Quarkmasse bestreichen und zusammenrollen. • Die Palatschinken nebeneinander in eine feuerfeste Form oder die Fettpfanne geben, mit der sauren Sahne bedecken und mit den Mandelblättchen bestreuen.
• Die Form mit dem Rost in die untere Schiene des Gerätes geben. Die Palatschinken bei Mikrowellenleistung 360 Watt und Ober- und Unterhitze 200° in etwa 15 Minuten goldbraun überbacken.

Clafoutis

Schmeckt auch mit Pflaumen, Äpfeln oder Reineclauden

Zutaten für 4 Personen:
500 g Sauerkirschen
2 cl Kirschwasser · 4 Eier
80 g Zucker · 1 Päckchen
Vanillinzucker · 1 Prise Salz
120 g Mehl · 350 ccm Milch
Puderzucker zum Bestäuben
Für die Form: Butter

Spezialität aus Frankreich

Pro Person 1800 kJ/430 kcal
Marinierzeit: 2–3 Stunden
Vorbereitungszeit: 30 Minuten

	Ein-stellung	Garzeit/ Minuten
Mikrowellen mit Umluft	360 Watt 190°	25–28
oder		
Mikrowellen mit Ober- und Unterhitze	360 Watt 210°	

Die Kirschen waschen und entsteinen. Mit dem Kirschwasser übergießen und 2–3 Stunden marinieren. • Eine ausreichend große, feuerfeste Form mit Butter ausstreichen. • Die Eier trennen. Die Eiweiße steif schlagen. • Die Eigelbe mit dem Zucker und dem Vanillinzucker sehr schaumig schlagen. Das Salz und das Mehl untermischen. Dann die Milch gründlich unterrühren. Zuletzt den Eischnee vorsichtig unterheben. • Die Kirschen in die Form geben. Den Teig gleichmäßig darüber verteilen. • Den Clafoutis mit dem Rost in die untere Schiene des Gerätes geben und bei Mikrowellenleistung 360 Watt und Umluft 190° 25–28 Minuten backen, bis die Oberfläche gebräunt ist. • Den Clafoutis mit Puderzucker bestäuben und heiß servieren.

Mein Tip: Sie können zum Clafoutis zusätzlich geschlagene Sahne und/oder Vanilleeis servieren.

Hirseauflauf mit Apfel und Banane

Schmeckt auch mit Birnen

Zutaten für 4 Personen:
150 g Hirsekörner · 450 ccm
Wasser · 1 Zimtstange · 3 Eier
250 g Magerquark
100 g Sahne · 100 g Zucker
Saft von ½ Zitrone · 1 großer
Apfel · 1 Banane

Preiswert

Pro Person 2000 kJ/480 kcal
Vorbereitungszeit: 20 Minuten

	Ein-stellung	Garzeit/ Minuten
Nur Mikrowellen	600 Watt	8
Nur Mikrowellen	240 Watt	10
Mikrowellen mit Umluft	360 Watt 200°	20
oder		
Mikrowellen mit Ober- und Unterhitze	360 Watt 220°	
Gesamtgarzeit		38

Die Hirse mit dem Wasser und der Zimtstange in einem mikrowellengeeigneten Gefäß mit Deckel mischen. • Die Hirse zugedeckt bei Mikrowellenleistung 600 Watt in etwa 8 Minuten zum Kochen bringen. Dann bei Mikrowellenleistung 240 Watt weitere 10 Minuten garen. • Inzwischen die Eier trennen. Die Eiweiße steif schlagen. • Die Eigelbe mit dem Quark, der Sahne und dem Zucker schaumig rühren. Den Zitronensaft hinzufügen. Den Apfel schälen, vom Kerngehäuse befreien und in die Quarkmasse reiben. • Die Banane schälen und in dünne Scheiben schneiden. • Die Hirse von der Zimtstange befreien und unter die Quarkmasse mischen. Den Eischnee unterheben. • Einen Teil der Hirsemasse in eine feuerfeste Form füllen. Die Bananenscheiben darauf legen und mit der restlichen Hirsemasse bedecken. • Den Auflauf mit dem Rost in die mittlere Schiene des Gerätes geben und bei Mikrowellenleistung 360 Watt und Umluft 200° etwa 20 Minuten backen, bis die Oberfläche gebräunt ist.

Gemischte Früchte mit Streuseln

Schmeckt auch mit roten und weißen Johannisbeeren sehr gut

Zutaten für 4 Personen:
500 g gemischte Beeren
3 Äpfel · 2 Birnen · 100 g Butter
100 g Zucker · 100 g Mehl
1 Teel. Zimtpulver

Anspruchsvoll

Pro Person 2100 kJ/500 kcal
Vorbereitungszeit: 30 Minuten

	Einstellung	Garzeit/ Minuten
Nur Mikrowellen	600 Watt	1
Mikrowellen mit Umluft	180 Watt 200°	20–23
oder		
Mikrowellen mit Ober- und Unterhitze	180 Watt 220°	20–23
Gesamtgarzeit		21–24

Die Beeren verlesen, waschen und gegebenenfalls vom Stielansatz befreien. Die Äpfel und die Birnen schälen, vom Kerngehäuse befreien und in dünne Spalten schneiden. • Die Früchte mischen und in eine flache, feuerfeste Form füllen. • Die Butter in ein großes, mikrowellengeeignetes Gefäß geben und bei Mikrowellenleistung 600 Watt offen in etwa 1 Minute schmelzen. • Dann den Zucker, das Mehl und das Zimtpulver hinzufügen und alles mit einer Gabel gründlich verkneten. Die Masse etwas abkühlen lassen, bis die Butter wieder fester wird und gleichmäßige Streusel entstehen. • Die Früchte mit den Streuseln bestreuen. • Die Früchte mit dem Rost in die mittlere Schiene des Gerätes geben und bei Mikrowellenleistung 180 Watt und Umluft 200° 20–23 Minuten backen, bis die Streusel leicht gebräunt sind. • Die Früchte heiß servieren.

Mein Tip: Wenn Sie Johannisbeeren verwenden, verkürzt sich die Backzeit bei gleicher Einstellung auf 18–20 Minuten. Wenn Sie das Dessert für Erwachsene zubereiten, können Sie die Früchte mit Likör oder Schnaps aromatisieren.

Süße Aufläufe mit Reis und Grieß

Bleiben durch das Garen im Kombinationsgerät besonders saftig

Mandarinen-Reis-Auflauf

im Bild vorne

Zutaten für 4 Personen:
¾ l Milch · 3–4 Eßl. Zucker
1 Prise Salz · abgeriebene Schale und Saft von 1 unbehandelten Zitrone · 200 g Rundkornreis
3 Eier · 2 Dosen Mandarinen (Abtropfgewicht je 175 g)
1 Eßl. Semmelbrösel
einige Butterflöckchen

Gut vorzubereiten

Pro Person 2000 kJ/480 kcal
Vorbereitungszeit: 15 Minuten

	Einstellung	Garzeit/ Minuten
Nur Mikrowellen	600 Watt	10–12
Nur Mikrowellen	180 Watt	20
Mikrowellen mit Umluft	180 Watt 180°	25
oder		
Mikrowellen mit Ober- und Unterhitze	180 Watt 200°	25
Gesamtgarzeit		55–57

Die Milch mit dem Zucker, dem Salz, der Zitronenschale und dem Reis in einer mikrowellengeeigneten Form zugedeckt bei Mikrowellenleistung 600 Watt in 10–12 Minuten zum Kochen bringen. Dann bei Mikrowellenleistung 180 Watt weitere 20 Minuten garen. • Den Milchreis zugedeckt 10 Minuten stehenlassen. • Dann die Eier und den Zitronensaft unter den Reis rühren. • Die Mandarinen abtropfen lassen. Den Saft dabei auffangen. 100 ccm davon abmessen und unter den Reis mischen. • Die Hälfte der Reismasse in eine feuerfeste Form geben. Die Mandarinen darauf verteilen und mit dem restlichen Reis bedecken. Die Semmelbrösel darüberstreuen und mit Butterflöckchen belegen. • Den Auflauf mit dem Rost in die mittlere Schiene geben und bei Mikrowellenleistung 180 Watt und Umluft 180° etwa 25 Minuten backen, bis er gebräunt ist.

Grießauflauf

im Bild hinten

Zutaten für 4 Personen:
½ l Milch · 1 Prise Salz · 3 Eier
Saft und abgeriebene Schale von ½ unbehandelten Zitrone
75 g Butter · 125 g Grieß
40 g Zucker · 60 g gemahlene Haselnüsse · 1 Eßl. Amaretto (Mandellikör)

Klassisches Gericht

Pro Person 2200 kJ/520 kcal
Vorbereitungszeit: 15 Minuten

	Einstellung	Garzeit/ Minuten
Nur Mikrowellen	600 Watt	8
Nur Mikrowellen	180 Watt	5– 6
Mikrowellen mit Umluft	180 Watt 190°	22–24
oder		
Mikrowellen mit Ober- und Unterhitze	180 Watt 210°	22–24
Gesamtgarzeit		35–38

Die Milch mit dem Salz in einem mikrowellengeeigneten Gefäß zugedeckt bei Mikrowellenleistung 600 Watt in etwa 6 Minuten zum Kochen bringen. • Inzwischen die Eier trennen. Die Eiweiße steif schlagen, den Zitronensaft unterrühren. • Die Butter in einer feuerfesten Form bei Mikrowellenleistung 600 Watt in 2 Minuten schmelzen. • Den Grieß mit der Milch verrühren und zugedeckt bei Mikrowellenleistung 180 Watt 5–6 Minuten garen. • Die geschmolzene Butter in der Form schwenken, dann in eine Rührschüssel gießen. So wird die Form gefettet. • Die Butter mit dem Zucker und den Eigelben schaumig rühren. Die Zitronenschale, die Nüsse und den Amaretto unterrühren. Die Grießmasse eßlöffelweise untermischen. Den Eischnee unterheben. • Die Masse in die Form geben, mit dem Rost in die mittlere Schiene schieben und bei Mikrowellenleistung 180 Watt und Umluft 190° 22–24 Minuten backen.

Apfelstrudel mit Sultaninen

Schmeckt als süßes Hauptgericht oder als Dessert

Zutaten für 6 Personen:
Für den Teig: 250 g Mehl
2 Eßl. Distelöl · 1 Prise Salz · 1 Ei
etwa ⅛ l Wasser
Für die Füllung: etwa 2 kg Äpfel
Saft und abgeriebene Schale
von 1 unbehandelten Zitrone
50 g Sultaninen · 75 g Zucker
100–150 g Crème fraîche
50 g gemahlene Haselnüsse
Für die Fettpfanne: Butter oder
Backtrennpapier
Zum Ausrollen: Mehl

Klassisches Gericht

Pro Person 2200 kJ/520 kcal
Vorbereitungszeit: 1 ½ Stunden

	Einstellung	Garzeit/ Minuten
Nur Mikrowellen	600 Watt	3– 4
Mikrowellen mit Ober- und Unterhitze	360 Watt 220°	30
oder		
Mikrowellen mit Umluft	360 Watt 200°	30
Gesamtgarzeit		33–34

Für den Teig das Mehl mit 1½ Eßlöffeln Öl, dem Salz und dem Ei verkneten. Nach und nach so viel Wasser unterkneten, daß ein glatter, elastischer Teig entsteht, der aber nicht kleben soll. Den Teig in drei Stücke teilen und mit dem restlichen Öl bestreichen. • Ein Geschirrtuch naß machen und gut auswringen. Dann bei Mikrowellenleistung 600 Watt in 2–3 Minuten heiß werden lassen. • Das Tuch über die Teigstücke legen und diese mindestens 30 Minuten ruhen lassen. Dadurch wird der Teig elastisch und läßt sich besser ausziehen. • Inzwischen für die Füllung die Äpfel schälen, vierteln und vom Kerngehäuse befreien. Die Äpfel grob raspeln und mit dem Zitronensaft mischen, damit sie nicht braun werden. • Die Sultaninen mit kochendem Wasser überbrühen, dann gut abtropfen lassen. • Die Sultaninen mit der Zitronenschale und dem Zucker unter die Apfelraspel mischen. • Die Crème fraîche in ein mikrowellengeeignetes Gefäß geben und bei Mikrowellenleistung 600 Watt in etwa 1 Minute flüssig werden lassen. • Die Fettpfanne gründlich mit Butter ausstreichen oder mit Backtrennpapier auslegen. • Die Teigstücke einzeln auf einem bemehlten Küchentuch ausrollen, dann mit etwas Crème fraîche bestreichen und über dem Handrücken so dünn wie möglich ausziehen. Die Teigränder zuletzt mit den Fingerspitzen ebenfalls so dünn wie möglich ausziehen. Den Teig wieder auf das Tuch legen, mit einem Drittel der Haselnüsse bestreuen und mit einem Drittel der Apfelmischung bedecken. • Den Teig mit Hilfe des Tuches vorsichtig aufrollen und mit der Nahtstelle nach unten in die Fettpfanne gleiten lassen. Die restlichen Teigstücke ebenso ausrollen, aufrollen und in die Fettpfanne geben. • Die Strudel mit Crème fraîche bestreichen und in die untere Schiene des Gerätes geben. Dann bei Mikrowellenleistung 360 Watt und Ober- und Unterhitze 220° etwa 30 Minuten backen, bis die Oberfläche gebräunt ist. Die Studel dabei mit der restlichen Crème fraîche bestreichen. • Die Apfelstrudel heiß oder abgekühlt servieren. • Dazu schmeckt Vanillesauce oder darüber gestäubter Puderzucker.

Mein Tip: Der Strudel wird noch knuspriger, wenn Sie den Teig vor und nach dem Aufrollen mit flüssiger Butter bestreichen.
Statt Äpfeln können Sie für den Strudel auch 1,5 kg Kirschen verwenden. Die Kirschen dafür waschen und entsteinen, dann mit 125 g Zucker mischen. Die Sultaninen in diesem Fall weglassen.

Scheiterhaufen

Schmeckt auch mit Kirschen oder Pflaumen

Zutaten für 4 Personen:
6 altbackene Brötchen vom Vortag · 3 Eier · 60 g Zucker
abgeriebene Schale von ½ unbehandelten Zitrone
1 Prise Salz · ½ l Milch
500–600 g Äpfel · 30 g Rosinen
30 g Mandelblättchen · einige Butterflöckchen

Preiswert

Pro Person 2100 kJ/500 kcal
Vorbereitungszeit: 30 Minuten

	Ein-stellung	Garzeit/ Minuten
Mikrowellen mit Umluft	360 Watt 200°	20–23
oder		
Mikrowellen mit Ober- und Unterhitze	360 Watt 220°	20–23

Die Brötchen in dünne Scheiben schneiden. • Die Eier mit dem Zucker schaumig rühren. Dann die Zitronenschale, das Salz und die Milch untermischen. • Die Eiermilch über die Brötchenscheiben gießen und alles etwa 15 Minuten ziehen lassen. • Inzwischen die Äpfel schälen, vom Kerngehäuse befreien und in dünne Spalten schneiden. Die Rosinen mit kochendem Wasser überbrühen und abtropfen lassen. • Die Hälfte der Brötchenmischung in eine ausreichend große feuerfeste Form geben. Die Apfelspalten, die Rosinen und die Mandelblättchen darüber geben und mit der restlichen Brötchenmasse bedecken. Einige Butterflöckchen darauf setzen. • Den Scheiterhaufen in die untere Schiene des Gerätes geben und bei Mikrowellenleistung 360 Watt und Umluft 200° 20–23 Minuten backen. Die Oberfläche sollte dann gebräunt sein. • Den Scheiterhaufen heiß servieren. • Dazu schmeckt Vanillesauce oder Zimtzucker.

Äpfel mit Mascarponecreme

Läßt sich auch mit Aprikosen zubereiten

Zutaten für 4 Personen:
600 g aromatische Äpfel, zum Beispiel Boskop oder Gloster
3 Eßl. Calvados · 250 g Mascarpone · 1 Eßl. Honig

Besonders schnell

Pro Person 830 kJ/200 kcal
Vorbereitungszeit: 15 Minuten

	Ein-stellung	Garzeit/ Minuten
Mikrowellen mit Grill	600 Watt mittlere Stufe	6–9

Die Äpfel schälen, vierteln und vom Kerngehäuse befreien, dann in dünne Spalten schneiden. Fächerförmig in eine feuerfeste Form legen und mit dem Calvados beträufeln. • Den Mascarpone gründlich mit dem Honig verrühren und über die Apfelspalten gießen. • Den Rost mit der offenen Form in die obere Schiene des Gerätes schieben. Die Äpfel bei Mikrowellenleistung 600 Watt und mittlerer Grillstufe 6–9 Minuten gratinieren, bis die Mascarponecreme leicht gebräunt ist. Die Äpfel heiß servieren.

Mein Tip: Falls Sie dieses Dessert für Kinder zubereiten, lassen Sie den Calvados weg. Vermischen Sie statt dessen 2 Eßlöffel Apfelsaft mit 1 Eßlöffel Honig und beträufeln die Äpfel damit.

Äpfel im Schlafrock

Schmecken kalt oder warm

Zutaten für 4 Personen:
Für den Teig: 200 g Mehl
1 Messerspitze Backpulver
50 g Zucker · 1 Päckchen
Vanillinzucker · 1 Ei
1 Eßl. Crème fraîche
100 g Butter · 1 Prise Salz
Für die Füllung: 50 g Haselnuß-
kerne · 20 g Zucker · 1 Eßl.
Calvados · 4 mittelgroße Äpfel,
zum Beispiel Boskop, Elstar oder
Gloster · 1 Ei · 1 Eßl. Wasser

Preiswert

Pro Person 2700 kJ/640 kcal
Vorbereitungszeit: 40 Minuten
Ruhezeit: 1 ½–2 ½ Stunden

	Einstellung	Garzeit/ Minuten
Mikrowellen mit Ober- und Unterhitze	180 Watt 220°	12–15
oder		
Mikrowellen mit Umluft	180 Watt 200°	12–15

Das Mehl, das Backpulver, den Zucker, den Vanillinzucker, das Ei, die Crème fraîche, die Butter und das Salz zu einem Mürbeteig verkneten. • Den Teig 1–2 Stunden kühl stellen. • Die Haselnüsse grob hacken und mit dem Zucker und dem Calvados mischen. • Die Äpfel schälen und die Gehäuse ausstechen. • Den Mürbeteig auf der bemehlten Arbeitsfläche ausrollen und in vier Vierecke zerteilen, mit denen Sie die Äpfel umhüllen können. • Die Äpfel in die Mitte der Teigstücke setzen und die Nußfüllung in die Aushöhlung der Äpfel geben. Das Ei trennen. Die Teigecken mit Eiweiß bestreichen, über den Äpfeln zusammenschlagen und -drücken. • Die Äpfel etwa 30 Minuten kühl stellen. • Inzwischen Ober- und Unterhitze auf 220° oder Umluft auf 200° ohne Zuschaltung von Mikrowellen vorheizen. • Das Eigelb mit dem Wasser verquirlen und die Äpfel damit bestreichen. • Die Äpfel auf das Backblech setzen, in die mittlere Schiene des Gerätes geben und bei Mikrowellenleistung 180 Watt und Ober- und Unterhitze 220° 12–15 Minuten backen, bis der Teig gebräunt ist.

Ananas mit Baiser

Schmeckt auch mit Ananasringen aus der Dose

Zutaten für 4 Personen:
1 große Ananas · 3 Eßl. weißer
Rum · 4 Eiweiß · 30 g Zucker
20 g Mandelblättchen

Besonders schnell

Pro Person 800 kJ/190 kcal
Vorbereitungszeit: 20 Minuten

	Einstellung	Garzeit/ Minuten
Mikrowellen mit Ober- und Unterhitze	600 Watt 220°	7–9
oder		
Mikrowellen mit Umluft	600 Watt 200°	

Das Gerät ohne Zuschaltung von Mikrowellen auf 220/200° vorheizen. • Die Ananas vom Stielansatz befreien und mit einem scharfen Messer spiralförmig schälen. Die »Augen« herauslösen. Die Ananas längs vierteln und den harten Kern in der Mitte entfernen. • Die Ananasviertel auf eine feuerfeste Platte legen und mit dem Rum beträufeln. • Die Eiweiße zu steifem Schnee schlagen, dann den Zucker unter Rühren einrieseln lassen. • Den Eischnee über der Ananas verteilen. Die Mandelblättchen darüber streuen. • Die Form mit dem Rost in die mittlere Schiene des vorgeheizten Gerätes geben. Mikrowellenleistung 600 Watt zuschalten. Die Ananas offen 7–9 Minuten garen, bis der Eischnee leicht gebräunt ist.

Mein Tip: Die Eigelbe können Sie in einem luftdicht verschlossenen Gefäß einige Tage im Kühlschrank aufbewahren. Sie lassen sich beispielsweise für eine Sauce béarnaise oder hollandaise verwenden.

Gratinierte Aprikosen

Statt Aprikosen können Sie auch Stachelbeeren verwenden

Zutaten für 4 Personen:
850 g Aprikosen · 3 Eier
4–5 Eßl. Honig · Saft und
abgeriebene Schale von
½ unbehandelten Zitrone
⅛ l Milch · 100 g gemahlene
Haselnüsse

Anspruchsvoll

Pro Person 1700 kJ/400 kcal
Vorbereitungszeit: 30 Minuten

	Einstellung	Garzeit/ Minuten
Mikrowellen mit Ober- und Unterhitze	180 Watt 200°	15–17
oder		
Mikrowellen mit Umluft	180 Watt 180°	

Die Aprikosen mit kochendem Wasser überbrühen und häuten. Dann halbieren, vom Stein befreien und in eine flache, feuerfeste Form legen. • Die Eier trennen. Die Eiweiße zu steifem Schnee schlagen. Die Eigelbe mit dem Honig schaumig rühren. Den Zitronensaft und die -schale untermischen. Nach und nach die Milch unterschlagen, bis eine schaumige Masse entsteht. Den Eischnee vorsichtig unterheben. • Die Haselnüsse über die Aprikosen streuen. Die Schaummasse gleichmäßig darauf verteilen und glattstreichen. • Die Aprikosen mit dem Rost in die mittlere Schiene des Gerätes geben und bei Mikrowellenleistung 180 Watt und Ober- und Unterhitze 200° 15–17 Minuten offen backen. Der Belag sollte dann leicht gebräunt sein. • Die gratinierten Aprikosen heiß servieren. • Dazu schmeckt Vanilleeis.

Quark-Rhabarber-Auflauf

Ein Dessert nach einem leichten Hauptgericht

Zutaten für 4 Personen:
500 g Rhabarber · 4 Eier
100 g Zucker · 500 g Sahnequark · 2 Eßl. trockener Sherry
50 g Puderzucker · 1 Päckchen Vanillinzucker · etwas Butter

Preiswert

Pro Person 2200 kJ/520 kcal
Vorbereitungszeit: 30 Minuten

	Einstellung	Garzeit/ Minuten
Nur Mikrowellen	600 Watt	1
Mikrowellen mit Ober- und Unterhitze	360 Watt 220°	20–23
oder		
Mikrowellen mit Umluft	360 Watt 200°	
Gesamtgarzeit		21–24

Den Rhabarber waschen, von den Fäden befreien und in 1 cm lange Stücke schneiden. • Die Eier trennen. Die Eiweiße zu steifem Schnee schlagen. Den Zucker unter Rühren einrieseln lassen. • Die Eigelbe mit dem Quark, dem Sherry, dem Puderzucker und dem Vanillinzucker gründlich verrühren. • Die Butter in eine ausreichend große, feuerfeste Form geben und bei Mikrowellenleistung 600 Watt in etwa 1 Minute schmelzen lassen. Die Form dann gleichmäßig mit der Butter ausstreichen. • Den Eischnee vorsichtig unter die Quarkmasse heben. • Die Quarkmasse in die Form geben. Den Rhabarber darüber verteilen und vorsichtig eindrücken. • Den Auflauf mit dem Rost in die untere Schiene des Gerätes geben und bei Mikrowellenleistung 360 Watt und Ober- und Unterhitze 220° 20–23 Minuten backen, bis die Oberfläche leicht gebräunt ist. • Den Quark-Rhabarber-Auflauf heiß servieren.

Mein Tip: Sie können den Auflauf auch portionsweise zubereiten. Dazu feuerfeste Suppenteller oder Soufflé-förmchen mit Butter ausstreichen. Die Quarkmasse und den Rhabarber portionsweise auf die Gefäße verteilen. Die Garzeit bleibt gleich.

Bratäpfel

Schmecken besonders an trüben Winternachmittagen

Zutaten für 4 Personen:
50 g Haselnußkerne
50 g weiche Butter
1 Päckchen Vanillinzucker
40 g Zucker · Zimtpulver
1 Eßl. Rum · 4 gleich große
Äpfel (etwa 1 kg)

Klassisches Gericht

Pro Person 1400 kJ/330 kcal
Vorbereitungszeit: 20 Minuten

	Einstellung	Garzeit/ Minuten
Mikrowellen mit Umluft	360 Watt 190°	13–15
oder		
Mikrowellen mit Ober- und Unterhitze	360 Watt 210°	13–15

Die Haselnußkerne grob hacken. • Die Butter mit den Nüssen, dem Vanillinzukker, dem Zucker, Zimtpulver nach Geschmack und dem Rum verkneten. • Die Äpfel waschen und abtrocknen. Die Kerngehäuse mit einem Apfelausstecher herauslösen. • Die Nußfüllung in die Aushöhlungen der Äpfel geben. • Die Äpfel auf eine feuerfeste Platte oder jeweils in ein feuerfestes Schälchen setzen. • Die Äpfel mit dem Rost in die mittlere Schiene des Gerätes geben und bei Mikrowellenleistung 360 Watt und Umluft 190° 13–15 backen, bis sie weich sind. • Die Bratäpfel heiß servieren.

Mein Tip: Die Füllung können Sie mit Rosinen anreichern. Dazu 1–2 Eßlöffel Rosinen mit heißem Wasser überbrühen und abtropfen lassen. Die Rosinen mit dem Rum mischen und etwa 2 Stunden ziehen lassen. Die Füllung dann wie beschrieben fertigstellen.

Amerikanisches Apfeldessert

Dazu schmeckt Vanilleeis

Zutaten für 4 Personen:
100 g Butter · 75 g brauner
Zucker · 1 Teel. Zimtpulver
175 g Mehl · abgeriebene
Schale von ½ unbehandelten
Zitrone · 800 g aromatische
Äpfel (zum Beispiel Gloster)
5 Eßl. Sahne

Spezialität aus Amerika
Preiswert

Pro Person 2400 kJ/570 kcal
Vorbereitungszeit: 30 Minuten

	Einstellung	Garzeit/ Minuten
Nur Mikrowellen	600 Watt	1– 2
Mikrowellen mit Umluft	180 Watt 200°	20
oder		
Mikrowellen mit Ober- und Unterhitze	180 Watt 220°	20
Gesamtgarzeit		21–22

Die Butter in eine mikrowellengeeignete Rührschüssel geben und bei Mikrowellenleistung 600 Watt in 1–2 Minuten schmelzen lassen. • Den Zucker, das Zimtpulver, das Mehl und die Zitronenschale zu der Butter geben und alles mit einer Gabel verkneten, bis Streusel entstehen. • Die Äpfel schälen, vom Kerngehäuse befreien und in dünne Spalten schneiden. • Die Äpfel dachziegelartig in eine flache, feuerfeste Form schichten. Die Sahne darüber verteilen. • Die Streusel noch einmal mit der Gabel lockern, dann über die Äpfel geben. • Das Dessert mit dem Rost in die mittlere Schiene des Gerätes geben und bei Mikrowellenleistung 180 Watt und Umluft 200° etwa 20 Minuten backen, bis die Streusel leicht gebräunt sind. • Das Dessert heiß servieren.

Mein Tip: Statt mit Sahne können Sie die Äpfel auch mit Calvados beträufeln.

Quarksoufflé mit Beerensauce

Schnelles Dessert für festliche Anlässe

Zutaten für 4 Personen:
Für das Soufflé:
3 Eier · 50 g Zucker
1 Päckchen Vanillinzucker
250 g Quark · 20 g Mehl
20 g Speisestärke · etwas
abgeriebene unbehandelte
Zitronenschale · 140 g Sahne
Für die Sauce:
300 g gemischte Beeren
1 Eßl. Zucker · 60 g Sahne
2 Eßl. Himbeergeist
Für die Form: Butter

Anspruchsvoll

Pro Person 1900 kJ/450 kcal
Vorbereitungszeit: 20 Minuten

	Einstellung	Garzeit/ Minuten
Mikrowellen mit Grill	360 Watt mittlere Stufe	9–11
Nur Mikrowellen	600 Watt	4
Gesamtgarzeit		13–15

Eine feuerfeste Form oder vier Souffléförmchen mit Butter ausstreichen. • Die Eier trennen. Die Eiweiße steif schlagen. • Die Eigelbe mit dem Zukker und dem Vanillinzucker schaumig schlagen. Den Quark unterrühren. Dann das Mehl, die Speisestärke und die Zitronenschale untermischen. • Die Sahne steif schlagen und mit dem Eischnee unter die Quarkmasse heben. Die Masse in die Form füllen und glattstreichen. Die Form darf höchstens zu zwei Dritteln gefüllt sein. • Das Soufflé mit dem Rost in die untere Schiene des Gerätes geben und bei Mikrowellenleistung 360 Watt und mittlerer Grillstufe 9–11 Minuten bakken. Dabei während der ersten Minuten das Gerät nicht öffnen. • Inzwischen die Beeren verlesen, waschen und eventuell von den Stielen befreien. • Die Beeren mit dem Zucker in eine feuerfeste Form mit Deckel füllen. Die Sahne und den Himbeergeist unterrühren. • Das Soufflé aus dem Gerät nehmen und beiseite stellen. • Die Beerensauce zugedeckt bei Mikrowellenleistung 600 Watt etwa 4 Minuten kochen lassen. • Die Sauce zum Soufflé servieren.

Pfirsiche mit Makronenhaube

Statt Pfirsichen können Sie auch Nektarinen verwenden

Zutaten für 4 Personen:
4 Pfirsiche · 3 Eiweiß
2 Eßl. Puderzucker
100 g gemahlene Haselnüsse
8 Haselnußkerne

Preiswert

Pro Person 1200 kJ/290 kcal
Vorbereitungszeit: 20 Minuten

	Einstellung	Garzeit/ Minuten
Mikrowellen mit Ober- und Unterhitze	180 Watt 200°	12–15
oder		
Mikrowellen mit Umluft	180 Watt 180°	12–15

Die Pfirsiche mit kochendem Wasser überbrühen, häuten und halbieren. Die Steine vorsichtig herauslösen. • Die Eiweiße zu steifem Schnee schlagen. Den Puderzucker und die gemahlenen Haselnüsse unterheben. • Die Pfirsiche mit der runden Seite nach unten auf eine feuerfeste Platte setzen. • Die Makronenmasse in einen Spritzbeutel mit Sterntülle füllen und kreisförmig auf die Pfirsichhälften spritzen. Jede Fruchthälfte mit 1 Haselnußkern garnieren. • Die Pfirsiche mit dem Rost in die mittlere Schiene des Gerätes geben und bei Mikrowellenleistung 180 Watt und Ober- und Unterhitze 200° 12–15 Minuten backen, bis die Makronenmasse leicht gebräunt ist. • Die Pfirsiche heiß servieren.

Mein Tip: Sehr gut schmeckt dieses Dessert, wenn Sie noch Eierlikör und Vanilleeis dazu servieren. Dann reicht pro Person allerdings 1 Pfirsichhälfte.

Orangen-Grapefruit-Gratin

Der herbe Fruchtgeschmack harmoniert gut mit der süßen Haube

Zutaten für 4 Personen:
3 Orangen · 2 rote Grapefruits
2 Eßl. Mandel- oder Orangenlikör · 4–5 Eßl. Zucker
3 Eiweiß · 1 Prise Salz

Besonders schnell

Pro Person 660 kJ/160 kcal
Vorbereitungszeit: 25 Minuten
Marinierzeit: 1–2 Stunden

	Einstellung	Garzeit/ Minuten
Mikrowellen mit Grill	360 Watt starke Stufe	4–6

Die Orangen und die Grapefruits schälen. Dabei auch die weiße Haut entfernen. • Die Früchte über einem feuerfesten Gefäß filetieren. So wird der austretende Saft aufgefangen. Den Mandel- oder Orangenlikör darüber träufeln. 1–2 Eßlöffel Zucker darüberstreuen. • Die Früchte 1–2 Stunden durchziehen lassen. • Dann die Eiweiße mit dem Salz zu steifem Schnee schlagen. Den restlichen Zucker und 6 Eßlöffel der Marinierflüssigkeit unterrühren. • Den Eischnee gleichmäßig über den Früchten in der Form verteilen. • Die Früchte mit dem Rost in die mittlere Schiene des Gerätes geben und bei Mikrowellenleistung 360 Watt und starker Grillstufe 4–6 Minuten gratinieren. Der Eischnee sollte dann leicht gebräunt sein. • Den Orangen-Grapefruit-Gratin heiß servieren.

Birnenauflauf

Schmeckt auch mit Vollkornmehl

Zutaten für 4 Personen:
4 reife Birnen (etwa 750 g)
2 Eßl. gemahlene Haselnüsse
75 g Butter · 3 Eier · 50 g Zucker
abgeriebene Schale von
½ unbehandelten Zitrone
80 g Mehl · 75 ccm Milch

Preiswert

Pro Person 1700 kJ/400 kcal
Vorbereitungszeit: 30 Minuten

	Ein-stellung	Garzeit/ Minuten
Nur Mikrowellen	600 Watt	1
Mikrowellen mit Umluft	360 Watt 180°	25–30
oder		
Mikrowellen mit Ober- und Unterhitze	360 Watt 200°	25–30
Gesamtgarzeit		26–31

Die Birnen schälen, vom Kerngehäuse befreien und in dünne Spalten schneiden. • Die Birnen in eine ausreichend große, feuerfeste Form geben und mit den Haselnüssen bestreuen. • Die Butter in eine mikrowellengeeignete Rührschüssel geben und bei Mikrowellenleistung 600 Watt in etwa 1 Minute schmelzen lassen. • Die Eier trennen. Die Eiweiße zu steifem Schnee schlagen. • Die flüssige Butter mit dem Zucker schaumig schlagen. Die Eigelbe nach und nach gründlich unterrühren. Die Zitronenschale hinzufügen und das Mehl eßlöffelweise untermischen. Die Milch langsam unterrühren. Der Teig sollte weich, aber nicht zu flüssig sein. Den Eischnee vorsichtig unterheben. • Den Teig über die Birnen in der Form geben und glattstreichen. • Den Auflauf mit dem Rost in die untere Schiene des Gerätes geben und bei Mikrowellenleistung 360 Watt und Umluft 180° 25–30 Minuten backen. Die Oberfläche sollte dann gleichmäßig gebräunt sein.

Mein Tip: Statt Birnen können Sie für diesen Auflauf auch Äpfel verwenden. In diesem Fall statt Haselnüssen Mandelstifte verwenden und 50 g Rosinen über den Äpfeln verteilen.

Wichtige Tabellen

Kerntemperaturen der Lebensmittel

Mit einem Speisethermometer können Sie bei einigen Lebensmitteln genau feststellen, wann sie richtig gegart oder erhitzt sind. Das Thermometer dazu immer in die dickste Stelle des Lebensmittels stecken. Bei Fleisch sollte die Spitze des Thermometers nicht mit einem Knochen oder größeren Fettstücken in Berührung kommen. Dies würde zu einem Temperaturanstieg führen, der aber nicht für das ganze Fleischstück zutrifft. Die nebenstehenden Angaben beziehen sich auf die Temperatur, bei der das Lebensmittel aus dem Gerät genommen werden soll. Bei Fleisch und Fisch rechnet man anschließend eine Ruhepause (mit Alufolie abgedeckt) von etwa 10 Minuten, in der die Temperatur noch etwas ansteigt.

Lebensmittel	Kerntemperatur
Roastbeef, rare	48–50°
Roastbeef, medium	52–54°
Roastbeef, well done	58–60°
Schweinebraten, fett	76–78°
Schweinebraten, mager	68–70°
Kasseler	54–56°
Hackbraten	68–70°
Rinderbraten, medium	64–66°
Kalbsbraten	70–72°
Lamm	74–76°
Truthahn	78–80°
Hähnchen	86–88°
Fisch	64–66°
Babynahrung	35–37°
Getränke	60–65°

Zubereitung industriell vorgefertigter Tiefkühl-Gerichte

Die Zubereitung der Gerichte erfolgt im Kombinationsgerät. Beachten Sie bei allen Produkten die Angaben des Herstellers. Die Produkte aus der Verpackung nehmen und in einem feuerfesten Gefäß zubereiten. Bei Verdoppelung der Menge die Garzeit um etwa die Hälfte verlängern.

Gericht	Gewicht	Einstellung	Zeit/Minuten	Anmerkungen
Gemüsegratin	300 g	Mikrowellenleistung 600 Watt mit mittlerer Grillstufe	9–11	
Schlemmerfilets	400 g	Mikrowellenleistung 600 Watt mit mittlerer Grillstufe	12–13	
Nudelgerichte wie Lasagne und Cannelloni	350 g	Mikrowellenleistung 180 Watt mit Ober- und Unterhitze 220°	18–20	Schneller geht es bei Mikrowellenleistung 600 Watt mit mittlerer Grillstufe (9–10 Minuten)
Bistro Baguette	350 g	Mikrowellenleistung 180 Watt mit Umluft 250°	8– 9	Auf dem Rost oder in der Fettpfanne zubereiten
Pizza	350 g	Mikrowellenleistung 180 Watt mit Ober- und Unterhitze 220°	14–16	Das Gerät ohne Zuschaltung von Mikrowellen 10 Minuten vorheizen. Pizza auf dem Rost oder in der Fettpfanne zubereiten.

Erwärmen mit Mikrowellen

Das Erwärmen von bereits gegarten Speisen erfolgt immer bei voller Leistung 600 Watt. Es gilt die Regel: Doppelte Menge = fast doppelte Zeit.

Lebensmittel	Gewicht	Zeit/Minuten	Anmerkungen
Beilagen			
(Kartoffeln, Reis, Nudeln)	300 g	2 –3	mit wenig Wasser befeuchten, zudecken
Fleisch			
Schnitzel, paniert	200 g	1½–2½	mit etwas Öl oder Butter bestreichen, offen erhitzen
Braten mit Sauce	500 g	5 –7	zudecken, einmal wenden
Flüssigkeiten			
Kaffee, Tee	150 ccm	1 –1¾	anschließend umrühren
Wasser, Glühwein	150 ccm	1 –2	anschließend umrühren
Milch, Kakao	150 ccm	½–1	anschließend umrühren
Klare Brühe	¼ l	2 –2½	zudecken, einmal umrühren
Geflügel	½ Hähnchen	4 –5	mit flüssiger Butter oder Öl bestreichen, offen erhitzen
Tellergerichte	1 Portion (400 g)	2 –3	zudecken, trockene Zutaten mit etwas Wasser anfeuchten

Auftauen mit Mikrowellen

Die Zeiten gelten für Lebensmittel, die aufgetaut und kalt weiterverarbeitet werden. Dies geschieht schonend bei der Auftaustufe (150–210 Watt). Auch hier gilt die Regel: Doppelte Menge = fast doppelte Zeit. Die Speisen möglichst schon beim Einfrieren flach in die Form schichten. Zum Auftauen am besten einen Kunststoffrost oder ein mikrowellengeeignetes Sieb verwenden.

Lebensmittel	Gewicht	Zeit/Minuten	Stehzeit/Minuten	Anmerkungen
Fisch				
im Ganzen	500 g	8 –12	10	einmal wenden, dabei Schwanzstück und Flossen fest mit Alufolie umwickeln
Fischfilet	250 g	5 – 7	10	einmal wenden, zerteilen
Scampi	200 g	5 – 7	10	einmal wenden, zerteilen beziehungsweise durchmischen
Muscheln	250 g	6 – 8	5	einmal wenden, zerteilen beziehungsweise durchmischen
Fleisch und Wurstwaren				
Fleisch am Stück	500 g	12 –15	15	einmal wenden
Schnitzel, Kotelett	200 g	4 – 5	5	zerteilen, einmal wenden
Innereien	200 g	4 – 6	10	einmal wenden
Hackfleisch	250 g	5 – 7	10	aufgetautes Fleisch nach der Hälfte der Zeit abnehmen, wenden
Wurst, Speck und Schinken	200 g	3 – 6	5	äußere Scheiben eventuell früher herausnehmen
Gebäck				
trockener Kuchen	1 Stück	½– 1½	5	auf Küchenpapier legen, einmal wenden
Obstkuchen	1 Stück	1 – 2	5	auf Küchenpapier legen
Torte	1 Stück	½– 1½	10	nur antauen
Brot	1 Scheibe	½– 1	4	auf Küchenpapier legen, wird schnell hart
Brötchen	1 Stück	½– 1	5	auf Küchenpapier legen, wird schnell hart
Geflügel und Wild				
Hähnchen	1 kg	20 –30	10–15	einmal wenden, nach der Hälfte der Zeit Flügel und Keulen mit Alufolie umwickeln
Hühnerbrust	220 g	5 – 8	5	einmal wenden
Hühnerkeule	200 g	6 – 8	5	einmal wenden
Ente	2 kg	35 –45	20–30	zweimal wenden, beim zweiten Mal Keulen und Flügel mit Alufolie umwickeln
Gans, Pute	3 kg	50 –65	40–45	dreimal wenden, beim zweiten Mal Keulen und Flügel mit Alufolie umwickeln
Wild	1 kg	20 –35	20–30	einmal wenden
Gemüse, ungegart				
Broccoli und Spinat	300 g	4 – 6	5	einmal wenden, dabei etwas lockern
Erbsen	300 g	5 – 7	5	einmal durchrühren
Milchprodukte				
Sahne	250 g	3 – 4	5	Aludeckel entfernen, nur antauen, leicht gefroren schlagen
Butter	250 g	3 – 4	10–20	Alufolie entfernen, einmal wenden
Käse	125 g	1 – 2	10	nur antauen, da manche Sorten schnell schmelzen. Eventuell äußere Scheiben früher herausnehmen
Obst				
Beerenobst	250 g	4 – 6	5	flach ausbreiten, einmal vorsichtig durchmischen
Steinobst	250 g	5 – 7	5	flach ausbreiten, zerteilen
Sonstiges				
Fleisch, Geflügel-, Gemüsebrühe	¼ l	9 –11	–	zudecken

Der Inhalt des Buches von A bis Z

Der Inhalt des Buches von A bis Z

Was koche ich, wenn ...

... es preiswert sein soll

... es Spezialitäten geben soll

... es vegetarisch sein soll

... es vorzubereiten sein soll

... Gäste kommen

Bildkochbücher der Extraklasse.
Kulinarisch, informativ, verführerisch

Desserts
Rezept-Ideen für jeden Tag, für Feste und Gäste; Fruchtiges, Zartes, Cremiges, Üppiges, Warmes und Eisiges.

Fleisch
Köstliche Fleischgerichte für alle Gelegenheiten. Von einfach bis festlich – auch fürs kalte Buffet.

Fisch
Feine Vorspeisen und köstliche Hauptgerichte mit Fischen, Schal- und Krustentieren. Dazu wichtige Tips für den Einkauf.

Geflügel
Ein wahres Ideen-Kochbuch für Haus- und Wildgeflügel. Eine Fundgrube für alle, die gerne Geflügel essen.

Gemüse
Dieses aufwendig gestaltete GU Bildkochbuch bietet eine Fülle reizvoller Rezept-Ideen von einfach bis raffiniert und festlich.

Kleine Gerichte
Das aktuelle Bildkochbuch für Freunde der Bistro-Küche: Snacks, warme und kalte Vorspeisen, feine Pasteten . . .

Kuchen und Torten
Das farbige GU Bildbackbuch präsentiert viele beliebte und neue Kuchen und Torten sowie verlockendes Kleingebäck.

- Einzigartige Rezept-Vielfalt durch kompetente Autoren. Herausgegeben von der berühmten Kochbuchautorin Annette Wolter.
- Alle Rezepte in neu und exklusiv produzierten Farbaufnahmen.
- Wichtige Handgriffe oder Grundrezepte in Schritt-für-Schritt-Fotos.
- Jedes Rezept mit Angabe der Kalorien und Nährwerte.
- Farbig bebilderte Warenkunde von hoher Qualität zu jedem Thema.

Nudeln
Raffiniertes aus aller Welt: Suppen, Vorspeisen, Aufläufe, Saucengerichte und vieles mehr. Dazu: Nudeln selbstgemacht.

Salate
Köstliche, frische und vielseitige Salat-Ideen aus aller Welt. Mit Informationen über viele typische Salatzutaten.

Suppen und Eintöpfe
Rezepte aus aller Welt: Reiche Bouillons, zarte Cremesuppen, feine Gemüsesuppen und kräftige, deftige Eintöpfe.

GU Gräfe und Unzer

Die Autoren

Evelyn Liepold

studierte an der TU München/Weihenstephan Ökotrophologie. Nach Abschluß ihrer Ausbildung war sie für Unternehmen der Haushaltsgeräteindustrie tätig. Dabei spezialisierte sie sich auf den Kochbereich, besonders auf Mikrowellen- und Kombinationsgeräte. Sie führte Schulungen im ganzen Bundesgebiet durch, testete und beurteilte die neuen Geräte und leitete die Versuchsküche. Nach der Geburt ihrer Tochter arbeitete sie weiterhin als freie Mitarbeiterin für Haushaltsgerätehersteller. Sie lebt mit ihrem Mann und ihrer Tochter in der Nähe von Nürnberg.

Odette Teubner

Ihr beruflicher Werdegang war von klein an vorprogrammiert, da sie zwischen Kameras, Scheinwerfern, Versuchsküche und Dunkelkammer aufwuchs. Nach der Schulzeit begann sie sofort eine Lehre bei ihrem Vater, dem international bekannten Foodfotografen Christian Teubner. Obgleich Odette ihrem Vater schon bald eine fast unersetzliche Hilfe war, folgte sie seinem Rat, sich einige Monate in München der Modefotografie zu widmen, um eine einseitige Entwicklung zu verhindern. Außerdem ging sie für einige Wochen nach Alaska, um dort Land und Tiere zu fotografieren. Heute arbeitet sie ausschließlich im Studio für Lebensmittelfotografie Teubner. In ihrer Freizeit ist sie begeisterte Kinderportraitistin – mit dem eigenen Sohn als Modell.

Kerstin Mosny

wuchs in einer kreativen Umgebung auf. Nach dem Abitur besuchte sie eine Fachhochschule für Fotografie in der französischen Schweiz. Danach arbeitete sie als Assistentin bei verschiedenen Fotografen, unter anderem bei dem Food-Fotografen Jürgen Tapprich in Zürich. Durch einen Kochkurs bei der bekannten Kochbuch-Autorin Agnes Amberg wurde ihre Neigung zur Food-Fotografie verstärkt. Um ihre Englischkenntnisse zu vertiefen, arbeitete sie ein halbes Jahr in verschiedenen Fotostudios in London. Seit März 1985 arbeitet sie im Fotostudio-Teubner. Ganz besonders gut gelingt es ihr, küchentechnische Arbeitsschritte ins Bild umzusetzen, wie die Beispiele in diesem Buch zeigen.

Impressum

Das Farbfoto auf der Einband-Vorderseite zeigt ein Fleischgericht aus dem Kapitel Fleisch- und Geflügelspezialitäten und zwar Kalbsrollbraten mit Spinatfüllung (Rezept Seite 59).
Die 5 Bilder auf der Einband-Rückseite entnahmen wir dem theoretischen Teil.

CIP-Kurztitelaufnahme der Deutschen Bibliothek

Liepold, Evelyn:

Mikrowellen kombiniert: d. große GU-Bildkochbuch für alle Mikrowellen-Kombinationsgeräte mit Grill, Ober- u. Unterhitze oder Umluft / Evelyn Liepold. Die Farbbilder gestalteten Odette Teubner u. Kerstin Mosny. – 1. Aufl. – München: Gräfe u. Unzer, 1988
ISBN 3-7742-3451-5
NE: Teubner, Odette:; Mosny, Kerstin:

1. Auflage 1988

Redaktion: Cornelia Schinharl
Versuchsküche:
Marianne Obermayr
Doris Mathes
Herstellung: Robert Gigler
Farbfotos: Odette Teubner und Kerstin Mosny
Umschlaggestaltung:
Heinz Kraxenberger
Reproduktionen:
SKU Reproduktionen GmbH
Satz: Fertigsatz GmbH
Druck: Mairs Graphische Betriebe
Bindung: Franz Spiegel Buch GmbH
ISBN: 3-7742-3451-5